写封信给你爱的人

《广东第二课堂》编辑部 编

山东画报出版社

图书在版编目（CIP）数据

写封信给你爱的人/《广东第二课堂》编辑部编. —济南：山东画报出版社，2019.6

ISBN 978-7-5474-3177-1

Ⅰ.①写… Ⅱ.①广… Ⅲ.①书信－中小学－选集 Ⅳ.①H194.5

中国版本图书馆CIP数据核字(2019)第086085号

写封信给你爱的人

《广东第二课堂》编辑部　编

图书策划　黄小坚
责任编辑　刘　丛
特约编辑　陈土宏　周锦宜　张家瑜　龙建刚　吴昕颖
装帧设计　李海峰　崔腾飞
字体手绘　周羽翩

出 版 人　李文波
主管单位　山东出版传媒股份有限公司
出版发行　山東畫報出版社
社　址　济南市市中区英雄山路189号B座　邮编 250002
电　话　总编室（0531）82098472
市场部（0531）82098479　82098476（传真）
网　址　http://www.hbcbs.com.cn
电子信箱　hbcb@sdpress.com.cn
印　刷　济南龙玺印刷有限公司
规　格　165毫米×235毫米
12印张　110千字
版　次　2019年6月第1版
印　次　2019年6月第1次印刷
书　号　ISBN 978-7-5474-3177-1
定　价　28.00元

代 序

以书信为媒，传播优秀传统文化、促进中小学生健康成长

书信，是一种应用文体，也是一种交流工具，通过它，人们传递信息、表达情感。古往今来，书信一直被广泛使用，是一种饱含深情的表达方式，“此书未到心先到”“欲作家书意万重”，表达亲情、友情或爱情的同时，也捎去一种“见字如面”的关心与关切、温暖与温情。

在信息技术和通信技术高度发达的当下，智能手机、网络微信等简捷方便的交流方式广泛应用，但是，仍然有相当一部分人对于手写书信情有独钟。习近平总书记就是一个很好的榜样，他每年都会在百忙之中抽出宝贵的时间给人民群众回信，从戈壁草原上的文艺工作者，到边境高原上的守边父女；从投笔从戎的大学生，到怀揣创新创业理想的青年……仅2017年，习近平总书记就写了七封回信，承载着最真切的心意、最温暖的关怀。就在今年的4月10日，习近平总书记还给云南省贡山

县独龙江乡群众回信说，“脱贫只是第一步，更好的日子还在后头”，祝贺独龙族实现整族脱贫，勉励乡亲们为过上更加幸福美好的生活继续团结奋斗。一纸书信，胜过千言万语。这种传统而亲切的方式，展现了习近平总书记亲民、爱民、为民的情怀。

广东教育杂志社在全省策划和组织举办中小学生书信大赛，倡导广大中小学生“写封信给你爱的人”，并将比赛中的优秀书信集结成册公开出版，积极推动全员育人、全过程育人、全方位育人，体现了其作为我省教育宣传主流平台敏锐独到的文化嗅觉和敢于担当的责任意识，值得我们肯定。

在引导广大中小学生参与、总结、推广这项活动的过程中，我们应该努力做到：

一是要深刻认识书信所承载的教化功能，突出以文化人。

“少年智则国智，少年强则国强。”青少年是祖国的未来、民族的希望。我们要将中小学生书信大赛作为在全省青少年学生中培育和弘扬社会主义核心价值观的有效载体和重要手段，动员和组织更多的中小学生参与活动，传承好优秀传统文化，弘扬好红色革命文化，传播好社会主义先进文化，使广大中小学生在喜闻乐见的活动中追求真善美、反对假恶丑。

二是要深入把握新时代青少年成长规律，加强教育引导。

广大中小学校要紧贴新时代主题，遵循人的成长规律，以中小学生书信大赛为契机和抓手，一方面，大力普及书信文化知识，让广大中小学生从传统书信文化中获取知识、增长见识，增强文化自信；另一方面，通过活动的开展，强化实践育人、活动育人，加强对未成年人精神文明道德的教育和培养，引导广大青少年树立正确的世界观、价值观、人生观，努力把广大中小学生培养成德智体美劳全面发展的时代新人。

三是要深度拓展书信大赛的品牌影响，增强辐射引领。

中小学生书信大赛是一个好活动，我们要及时总结经验，进一步创新思路、拓展内容、丰富形式，不断扩大参与度和覆盖面，努力把中小学生书信大赛办成学生喜欢、学校欢迎、家长认可、社会赞誉的品牌活动。同时，要组织开展更多既受中小学生欢迎又有利于他们成长的文化活动，让他们在亲身体验中切实感受中华优秀传统文化、红色革命文化和社会主义先进文化的魅力，并从中汲取营养、涵养情操，健康快乐地成长。

愿全省中小学生书信大赛越办越好，取得更加丰硕的成果！

是为序。

王创（作者系广东省教育厅党组成员、副厅长）

2019年5月6日

目录

致朋友的一封信

麦惠圆

亲爱的彤彤：

好久不见！你过得好吗？

时间太细，指缝太宽，眨眼间又过了思念你的一年。友谊真是个奇妙的东西，你我虽远隔千里，但友谊把你我的心连在一起。唉，时隔多年，仍忘不了你与我嘻嘻哈哈的日子；仍忘不了你与我吵吵闹闹的日子；仍忘不了你为我打抱不平的情景……回首八年的成长历程，流连于心的湖畔，因为有你的陪伴，我才能笑对生活中的辛酸与苦楚，独享一分恬静与从容。在这沉寂的时刻，你我过去的日子像电影一般在我脑中徘徊，时光的列车倒了回去，此时，流下的泪，不知是甜是苦……

你知道吗？你是一个刀子嘴豆腐心的人，就是这样的你，给了我无限的关怀与爱。隐约记得有一次，我把笔盒落在家里了，你似乎能够揣摸我的心思，大方地把你视为珍宝似的钢笔借给了我，我自是感激不尽。有了这支笔，我立马奋笔疾书，可能是用力过猛，“咔”的一声，笔尖歪了，墨水喷我一脸，你的第一反应是惊慌失措，愣了几秒，立马掏出纸巾为我清理，折腾了好一会儿，我的脸终于干净了，而你的手却黑漆漆的一片，我的心暖暖的……然而，你拿起坏了的钢笔，一脸心疼，生气地对我说：“再也不借笔给你了！”你眼睛里噙着泪花，我恍如惊弓之鸟，不知如何安慰你，于是，默默地垂下了头。你时不时瞅瞅我，自习时间所剩无几了，你发现，我没有了笔，卷子还未完成呢，然后，又把一支陈旧的钢笔递给我：“喏，给你，时间不多了。”我不好意思地接了过来，心中泛起了阵阵涟漪。刚想提笔，却发现，你正在用那支被我糟蹋了的钢笔慢慢地写着字，我当时怔住了，泪像断了线的珠子流了下来，感动包裹着我稚嫩的心……你知道吗？你这看似不起眼的动作大大地促进了我们的友谊，你不斤斤计较，又如此地善解人意。也只有你，好像有一种神奇的力量，让我的生活像浪一样翻滚，像风一样轻快。就像我生命中一场突如其来的风雨，推着我的帆船起航。

你我为共同的欢乐而高兴过，也为彼此的不是而悲伤过。曾经你会为了一件小事赌气，几天不与我说话；曾经你会为了考试谁领先与我暗暗较劲。但，当我在竞选班干部时你会拼命地为我摇旗呐喊；当我走在暴风雨中你会死拉着我的手怕我摔倒……我们的友谊起起伏伏，跌跌宕宕，正是因为这些波折，才把友谊磨砺得无比坚固。

古语云："相识满天下，知心能几人。"不得不惊叹，擦肩而过的人有千千万万，可偏偏是你我站在彼此面前，相遇、相识又相知，这不是注定了的缘分吗？感谢上苍让我遇见了善良的你，感恩命运让我碰见了无私的你。

现在，你远在他乡，我们不能再背靠着背在树下探讨问题，也不能再一起哭闹了。还记得当初你要转学，我们痛哭流涕的情景吗？的确，以往形影不离的我们却要被转学风波硬生生地分开，这换作谁都是不能接受的。来，让我们将这友谊尘封在心灵最深处，待我们再次相逢，等到该绽开时就让它吐蕊，让阳光和风雨见证我们的欢乐。那时我们的笑声一定会涤荡世间的一切烦扰。

友谊，这种独特的爱，犹如镌刻在岁月中的风景画，需要我们去抚摸、品味，虽然苦涩，却很幸福！

祝：学业进步、身体健康！

你的挚友：麦惠圆

2019年2月20日

（指导老师：李丽燕）

写给姐姐的一封信

周思豪

亲爱的姐姐：

你好！

树枝改变了僵硬呆板的冬姿，变得轻柔娇嫩，涨满青春的气息；遍野的小草像是听到了集结号声，争先恐后地钻了出来，不知不觉，春季已悄悄到来。

姐姐，除了爸爸妈妈，你就是这个世界上最爱我的人了，你疼我、爱我，甚至胜过爱自己，有时你会对我严格要求，可是我还顶撞你，现在想起来真的很后悔啊！

在家中，在医院里，在园子中，每个地方都留有你关心我的痕迹。我有时向你发脾气，你大多会迁就我，其实我真的有许多的不妥处，我做得一点也不好，而你却没有责怪过我。

姐姐，是你给我指明了人生的方向，让我找到了人生路上的指路灯，我会和你沿着这条路走下去，一直到达最后的彼岸。

翻开记忆的画册，我依然记得年前的那个时候，那是我上六年级，还有四十天就要考初中的时候，我即将面临人生的第一个转折点。临考前的我总是忐忑不安，担心自己会考砸，不仅影响到自己今后的初中学习，还会使父母失望。每每想到这些，我感觉像背了千斤重的担子，被压得喘不过气。

是姐姐你帮我一起制订了科学的日程安排表，并严格监督我按照表中的时间做每一件事，因此劳逸结合，每件事都做得井井有条，让我在人生第一个转折点圆满突破，考上了公办初中。

你常说，人活在这世上，最重要的是有一颗感恩的心，无论什么样的境遇，都怀着一颗慈爱柔软的心，包容所有的朋友、同学、亲人，能够常常感激并自省的人，是世界上最幸福的人。

姐姐，你是天上的月亮，永远用温柔的清辉，照亮我迷惘的心房，给我温暖，在这个世界，你用你最真实的笑容，风干我的泪痕，你赐予我的一切，我将永生铭记。

在这个充满希望、生机勃勃的春天，以前的那些坏习惯我将会彻底抛弃，但对你的真诚、感恩，是不会变的，我会让它永存在我心中！

祝你：身体健康、事业顺利！

周思豪

2019年2月24日

（指导老师：陈爱伦）

致二十年后的父母

李瑞阳

亲爱的爸爸妈妈：

你们好！

这封信写于2019年一场作文比赛的考场，是这晚春一朵后开的花。

二十年后，是2039年，我已三十四岁，你们也逾花甲之年，我或已在某一个自己喜欢的领域有所作为，理解了你们在二十年前对我严之又严的管束，你们也已从生活琐碎中稍稍脱身，可以去看看这世界了。

现在，2019年，我十四岁，你们正值壮年，忙于工作，周转生活，头发是灰的，还夹着银白。中年的你们对我十分严格，以至于我对你们，似乎没有爱。

周一的下午，我回到家，带回一个喜讯，也有一个“凶信”。所谓“凶信”不过是数学考了75分，而喜讯是我的作文在比赛中竟破天荒地进了决赛！我把这些消息告诉了你们。我看到妈妈脸上转瞬即逝的笑，以及爸爸拧紧的眉头。期待中的夸奖不过一句：“好，应该的。”然后是：“把卷子拿来，数学实在不像话。”一盆冷水兜头盖脸泼了过来，我回到房间，颤抖地拿出那张挂着刺眼红叉的卷子，递到你们面前。这回妈妈拧紧了眉头，爸爸如雕像般面无表情。时光凝滞在爸爸的手上，手紧紧捏着卷子，青筋可见。那一瞬，两人如同高墙一般，包围了我。“我恨……你们。”当时我这么说，但我马上又后悔了。

回到房间，关上了门。“亏我之前写最爱的人是老妈。”我自言自语“有点荒谬”。那时的我，脾气暴躁不安，思想偏激。对当时的你们十分不敬，真的很对不起。那一晚，我如同海面上一块浮冰，无力漂流，却不愿与身边柔和的水言和。母亲来了，敲门声一下下撞击着我，有一种力量把我从床上拽起来，我打开了门。浮冰消失了，它融在大海温暖的怀抱里，它不会再冻结住了。母亲温和的语言就像晚春的暖风，“对不起，囡囡，刚刚我们太凶了，下次要加油。”海包容一切水滴，水滴也永远爱海。不知面对这封信的二十年后的你们，会不会想起当年那几块由叛逆的水凝结起来的浮冰呢？

十四岁的我，年少轻狂，天天在外面疯玩，终于有一天崴了脚。我疼得一身冷汗，一瘸一拐地回了家。你们的表情，就像见到家里的传世之宝不慎碎落在地时一样。爸爸的手紧张地搓着衬衣的衣角，妈妈正想着要不要背我上医院瞧瞧。我有百余斤，重于母亲，而父亲的膝盖有疾，走路尚难谈何负重？我爱你们，于是我惨兮兮地笑着说："我一点都不疼，真的，我能跑能跳能下楼梯。"可我肿得像猪蹄一样的脚不停地在宣告着它的罢工。为了证明我说的话，我甚至走了几步，装作什么都没有发生。客厅中的壁灯照了过来，妈妈的脸上，浮现了微笑，却不是我所熟悉的释怀，而是挂着一颗如珍珠大小的眼泪。微黄的灯光下，矮小瘦弱的妈妈，忽而现出了那种浮世绘上仙女的身形。爸爸没有说话，披上大衣，出去了。回来时，提了一大袋药。我一下子就收回了眼泪，刹住了喷薄而出的感动，装出责备的样子："又没有断腿，这么大动干戈干吗？"爸爸说："脚肿了，明天就不用上学了，不用上学，就可以在家里陪陪妈妈了。"我知道爸爸一点都不想让我在家陪妈妈，所以他买了药。

二十年后，二十个春秋，二十年的风如同雕刀般在你们脸上刻下皱纹，二十年的雪如同云一般盖过你们的青丝，那张严峻的脸不复存在，变成了慈祥的笑脸。不会做饭的妈妈学会了番茄炒鸡蛋，不会写作文的爸爸学会了写信向我表白。二十年，这封信承载的，不仅是流转的光阴，更是我们之间永世长存、亘古不变的爱。

时间在变迁，我爱你们，一直到永远。

祝：身体健康、乐口常开！

女儿李瑞阳

2019年3月22日

（指导老师：张晓琴）

时光慢些走

欧柔佞

爸爸妈妈：

你们好！

小巷中的阿黄、邻居家的小孩、水池里的纸船都还在吗？你们现在还好吗？

都说小孩是来拯救大人的天使，而我却像是搭错车的恶魔一般闯进了你们俩的生活。此时，我已像父亲当年一样患上了“青春期叛逆症”，我像是一颗定时炸弹，让家中总是鸡犬不宁，我与你们的生活总是那么格格不入，那么如今我是否与你们融洽相处了呢？

少年时期，令人心烦的莫过于父母苦口婆心的劝诫，我当然也深陷这其中的痛苦。

记忆像上了油的发条不断转动，我又想起了我那无尽的烦心事。从小我似乎便十分惧怕寒冷，到了冬日，母亲您总是比我早些起来，在天还未亮时为我熬姜水喝，我总是万分厌恶那姜水，口头上总说：“这年头哪有初中生带姜水的呀？”这时母亲您总是淡淡一笑，幼稚地和我讲：“我的姜水可跟别人的不一样，这可以让我的宝贝女儿感到温暖！”我也总拗不过您，于是便带走再偷偷倒掉。有一次正巧被您看见，您什么都没说，只是神情失望地叹了口气，回到家后反而是父亲呵斥了我一番，我整张脸涨得通红，身子微微颤着，忍住泪水甩门而出。

冬天的夜是十分凄凉的，比起身子，心寒更能使人无力，我蹲在路边哭泣，将棉袄盖住脸，生怕别人看见。棉袄不透气，我的脸干裂得疼，眼前只是一片朦胧。我睁眼看着路灯，它同我一样孤独地站在路边。不一会儿，远处闪来一束刺眼的光，原来是父亲母亲！父亲的脸上一片苍白，而母亲早已哭成一个泪人儿，就这样，仨人什么也没说便回了家。

此时想想这样的事儿还挺多，我十分想当面给你们道歉。我知道你们一切是为了我，我也很恨自己不够勇敢，没能对你们敞开心扉。在无人的深夜我也曾湿了枕被长夜痛哭过，因为我心中是爱你们的。

年少那样羞于出口的事或许已经成为遗憾，从小总是想考上大学离开你们的我现在应该已经后悔了吧？其实那个我永远知道她爱你们。

青春，就像是破蛹的蝶，美丽而痛苦着。二十年后我一定一定还是深爱着你们的，因为世上再没有谁会将最好的一切都留给我，将美好的事都推向我。

二十年后，天或许不再这么蓝，水或许不再这么清，花或许不再这么美，而我们一定在爱着彼此。我亲爱的父母，愿花朵依然追求着露水而时光可以慢点追你们，慢一点，请再慢一点。二十年后许是白发苍苍的你们仍在为我操劳，对不起，我的父母，愿该来的美丽早些奔来！

祝你们不衰不老，与时光慢些走，愿你们已拥有迟来的爱。

女儿欧柔佞　敬上

2019年3月23日

（指导老师：邓小丹）

那个夜晚，你们还记得吗？

戴舒雨

亲爱的爸爸妈妈：

你们好！

光阴似箭，日月如梭。一眨眼，童年就转瞬即逝，而你们的头发也已经白了。时间老人就是那么无情，一秒也不肯多给我们。二十年了，不知道你们还记不记得那件鸡毛蒜皮的小事。

在我七八岁的时候，经常闹着要去爬山，因为同学们都去爬过山，当他们问起我有没有爬过山的时候，我愣了一下，不说有也不说没有。他们便笑话我。我是一个爱面子的人，那一天过后，我便一直闹着你们："别人都去爬过山，我没爬过山，我也要去！"可这时你们却说："孩子，其实不喝牛奶的小孩也一样长大！"当时我还小，不懂得这句话的含义，所以不管你们说什么我都要去爬一次山。爸爸妈妈被我逼得无奈，只好带我去爬山。

那一天，我们每个人都背着一个沉重的大背包来到了山下，我望上去，哇！真的好高啊！于是，我们一人拿着一根木棍一步一步地爬上去。我两手共握一根木棍，整个人的重心压在前面的这根木棍上，脚一步一步地随着这根木棍的移动而移动。就这样，我们艰难地爬到了半山腰。

到了半山腰，我已经累得不行了，原来爬山是一件这么艰难的事情。但是我从小就有一种性格：既然准备做一件事情，那么就应该把这件事情完成。要么不做，要么就做得很好。休息了一阵子，我准备继续爬，但你们说，光坐着休息是不行的，应该吃点面包喝点水补充一下身体的能量。我想也对，就按照你们说的做，反正这样做又不会吃亏。

休息完了，能量也补充了，继续爬吧。爬了一阵子，是傍晚五点多了，竟然下起了倾盆大雨，没有一点征兆，让人一点预料也没有，黑压压的一片。因为我们是来爬山的，所以根本没带雨伞，只能淋着雨爬山了，你们劝我说："孩子，下雨了，不能再爬了，回家吧！"我听了，心里想：不行，不爬一次完整的山，回到学校后肯定还是会被同学们笑话的。我喊了声："不行，继续爬！"你们说不过我，只能顺着我的意思去做。不知道为什么，你们对我这种性格表示认同。

天全黑了，看不见一点光线，我的手和脚都磨破了皮，又很害怕这种黑暗，揪着你们的衣服说：“爸爸妈妈，我们回家吧，不要再爬了！”爸爸听了，摇摇头说：“孩子，你不是说要坚持到底吗？爸爸支持你！”我听了，那种气概又来了，继续爬！又爬了一会儿，我发现我的手都出血了，脚也出血了，你们也看见了，突然发现旁边有一辆小拖车，就把我放进去，拖着我上山，我本来很高兴，但是后来雨下得更大了，你们拖着我上山，后背的脊梁都弓起来了，似乎永远直不起来，我哭了，为你们心疼，“你们这样值得吗？不爬了！不爬了！”但是你们最终还是把我拖到了山顶。第二天，我并没有在同学面前炫耀，而是把这件事偷偷地埋在了心里……

二十年了，你们记得吗？这是我们共同的回忆，我相信你们记得，因为你们是爱我的，我也是爱你们的，这种爱是无论发生什么都不会改变的，时光也抹不去这份记忆和这份爱。在这里我想对你们说：爸爸妈妈，谢谢你们！我爱你们！永远地爱！

你们的女儿

戴舒雨

（指导老师：温水义）

因为放手，所以成就

陈婕

二十年后的爸爸妈妈：

万事仍顺意吧？现在的你们，是否与二十年后的我分居两地了？我相信你们一定可以读到我的作品吧？可你们大概会迷惑，会忧愁，嗔怪为何我脍炙人口的文学作品中总是没有养育我长大的你们的影子。请原谅，让我为二十年后的我解释这其中的缘由。

你们一定还记得放手让我去飞翔的事情。

我第一次参加现场作文创作的比赛，不过只是八九岁的年纪。小小的我背着大大的书包，跟着一群大哥哥大姐姐到另一个城市去。那时我什么也不明白，心里纯粹得只有满溢出来的兴奋与期待。登上火车，扒着车窗新奇地看风景，我看到无数张因为分离而惆怅而悲伤的面庞，还有你们向我挥手告别后匆匆回身背对着我的背影。我以为我的离开让你们感到轻松，心中愤愤不平；可那时我怎么会明白，背对着我的那两张面庞有多少的泪水，背对着我的那两颗心怀揣了多少不忍与辛酸，但我相信你们一定记得。

后来我一个人到另一个城市去求学。在这之前，我同你们有过激烈的争吵。我还记得，那时我对你们喊叫，我说我要一个人去外面“闯荡”，一个人学会成长。还有现在想来心中无比悔恨的一句：“我不要被你们束缚！”我这辈子都忘不了当时你们的痛，那痛是什么滋味？我不知道。可是最终你们同意了，我不知你们一夜间有多少次心的起浪与风潮，可你们还是同意了。同意放开手，让我一个人去飞翔。

当我慢慢成长，开始领悟一些人情世故，开始有意识地逼迫自己去成为一个如何的人，我便决意要一个人去完成一些不可能的挑战。我曾经同你们谈过，谈过我许多不成熟的想法和青少年冲动热血的目标。你们告诉我，要考虑后果。可即便你们给予我许多睿智的教诲，也从不阻止我去尝试那些少年意气的决定。我曾怀疑过，是不是我的自私使你们放弃了我？直到有一天，我听到爸爸劝诫妈妈的话：放开手才能让他长大。我才明白，你们放手的决定，从来都不是轻而易举地做出的。

我相信二十年后的我，也不会忘记我心中如此多的猜想与感受。我以为你们处处放开手让我去尝试，是轻松愉悦，是轻而易举，是轻视随意。可我领悟得太慢，参透得太少，写下这封信的我也许还不能完全明白，放开手的你们，心中不忍担忧的重量。二十年间，我会写下很多文字，写万物欣荣，写百木俱枯，写四季更迭，写时空流转，写悲写喜，写好写坏。也许我会写其他的亲戚朋友，可关于你们的事情，我总是不想同他人分享。我不知道这份“自私”缘于什么，大抵是冥冥之中因为从前对你们的亏欠，而想要把你们的爱都藏起来吧。

爸爸妈妈，也许我的想法仍稚嫩。我想把所有关于你们的记忆写下来变成书，只留给我们三人。我相信这也会是二十年后我心中的执念。你们的爱，逼迫你们放开了牵制我的手。我想你们总是希望不要成为我飞翔的束缚与累赘。可爸爸妈妈，当你们忍下心中的痛放开手的时候，在我心中，又播下了一颗种子，在我累、在我苦的时候迸发着生命的力量！爸爸妈妈，很多很多回忆，只有我们三个人记得；很多很多感受，只有我们三个人拥有。你们放开了手，成就了我的成长；你们放开了手，使我拥有了爱的感受。

当年，你们忍痛放开了手，从而成就了二十年后成功的我。二十年后，我重新拥抱你们。

愿我们阖家团圆，万事顺意，永为彼此成就的一家。

二十年前的你们的女儿：陈婕

2019年3月23日

（指导老师：黄峰）

致二十年后的爸爸妈妈

韦钰莹

二十年后的爸爸妈妈：

你们好！

暮春三月，时值烟雨朦胧，我时常倚在窗台上，静静地凝望，雨点纷纷漫漫，似乎永远都不会停止。

蓦然回首，已走过十三个春秋。曾经留下的足迹如沙滩上的脚印，在潮涨潮落中也已变得模糊不清。

儿时的我总是渴望快快长大，那时，未来对我来说是一个神奇的宇宙。而现在，我却怀念起儿时的无忧无虑、天真烂漫和单纯快乐。人都是这样吧！失去了才懂得珍惜。

现在是2019年，我望着镜中渐失稚气的脸庞，已经隐藏了一丝忧郁与沉重。是生活改变了我，还是我适应了生活？我现在也会对自己感到陌生，只觉怅惘。

我逶逶迤迤地走过独木桥，始终是踏上了新的征程。当我走进中学大门的那一刻，就意味着过去的一切回忆好似上了锁的盒子，兴许有时拂去它上面的尘灰，细细回味，可那始终也已经是过去时了。

初一刚开学的那天，我不安地含泪与你们挥手告别。我内心满是恐惧，我害怕校园的陌生，害怕这里的嬉闹，更怕人群的纷杂与自己的孤寂格格不入。我忐忑，就在眼泪将要夺眶而出的时候，你们把厚重却温暖的手搭在我肩上，让我要坚强。随即只剩我一人停留在原地，看着你们的背影一点一点地消失于楼梯拐角。

楼下花坛的花，昨日还是娇艳无比，高昂着头，今日却枯萎了，我的心境也变得低落。我是什么时候开始也为万物多愁善感了呢？

那夜，我与你们漫步于湖畔，抬头可见朦胧的浮云，枝丫间泻下皎洁的月光。我却不经意瞥见爸爸你望着湖水中的月影，竟格外地出神。

我也想起了一些事，我沉浸于回忆当中，不知不觉向湖边探近了几步，身体往前倾。这时，爸爸你突然紧紧地拉住我的手臂，向后拽。我揶揄你说湖边有护栏围着。

原来你是想起了奶奶，奶奶当时也是下意识地拉住又小又淘气的你。只听到你此时轻叹，只可惜，世间无长圆之月。我静默着。

但我现在想说，当年湖边的母子，已成为如今的父女，而我以后也终为人母，一脉相传，情浓于血。我相信我们每个人的弦月都会得之圆满，月无缺，人圆满。

我清楚地知道，你们始终都会老去，总有一天会离开我，虽说我不想承认，可这也是残酷的现实。

现在，我已经从你们的两鬓看到了沧桑，每当这时，我的心就怵怵地疼。

二十年后，你们就都六十多岁了。在现在看来，那实在是难以想象。但我承诺，我一定会奋力拼搏，为了不让你们再为柴米油盐所累，不再为五斗米折腰，为了让你们过上更好的生活。

我一定会通过我自己的努力，带你们去旅行，到外面的世界多看看，欣赏从未见过的美丽风景。

绿叶会凋落，但人们不会忘记在夏日它所给予的绿荫；流星转瞬即逝，但人们不会忘记它在空中留下的耀眼美丽。终究，你们要放手，我要追逐远方，但我永远不会忘记你们给予我的。

那些年，那些言，那些行，总关情……

祝：工作顺利、身体健康！

你们的女儿：韦钰莹

2019年3月23日

（指导老师：徐蔼倩）

爱你，无需理由

李乐希

二十年后的爸爸妈妈：

你们好吗？近日来身体如何？我是你们的女儿，今年十四岁，我来自二十年前。

我刚才一直在回想我们从前生活的点点滴滴：妈妈骑着链条总会发出“吱呀吱呀”声的单车送我去学钢琴；爸爸牵着我走在泥泞崎岖的小路上，叮嘱我不要摔倒；妈妈在我上台演出前替我整理着装，给我鼓励的眼神；爸爸在我上场比赛前为我拿好水杯、球拍和毛巾，一脸担忧地嘱咐我别受伤……有你们的日子，就好像一缕清风，吹走了我心里的阴云；有你们的日子，就好像冬日里的阳光，给予我温暖与快乐；有你们的日子，就好像沙漠里的甘泉，涤荡着我的心灵；有你们的日子，就好像加了糖的黑咖啡，喝多少都不觉得腻。

不知不觉，我们已经一起走过了这么多年春秋。

那时候的我们，生活远不如现在舒适。只能住在破旧不堪的黄楼里，门上的缝也是爸爸亲手用木条和胶带填补的。墙脚时不时冒出一只蟑螂或老鼠，把妈妈吓了一跳。我就是在这样的环境里长大的。我们在那里住了八年，又搬了三次家，可我从来都不觉得生活苦，因为只要一回到家，就能听见爸爸亲切的呼唤、妈妈温柔的话语。有你们的地方，就是我最好、最安全的避风港湾。

那时我还小，记得有一次，因说话不过大脑，无意间脱口而出的一句话惹上了大祸。人家恨不得狠狠收拾我一顿，高高扬起的巴掌把我吓得愣住了，慌张得不知该如何是好，紧紧闭上了眼睛。可好一会儿，想象之中的巴掌也没有落下来，我睁开眼睛一看，一个纤细的身影挡在我面前，是妈妈，爸爸则挡下了那一巴掌。你们的背脊挺得笔直，坚定决绝地站在我面前，一字一句地维护我，字里行间全都是对我的爱与关心、信任。渐渐地不知为何，我哇的一声哭出声来，刚才还沉着冷静的你们慌张地蹲下身子，和言细语地安慰着我。我抽泣着问你们："为什么要对我这么好？"你们忽地笑了，注视着我的眼睛，缓缓地说道："因为我们爱你啊。而爱你，是不需要理由的。"那是我自出生以来听过最美妙的声音，那时候，我就在心里下定决心，要让你们过上更好的生活。

对于二十年后，对于我最爱的你们，我有太多太多想说的了。下面，让我向你们细细说来吧。

1.爸爸妈妈，你们一定要保证你们的身体健康。妈妈也要多做瑜伽，别荒废了这个好习惯。特别是爸爸，不知你的大肚腩现在减下来了没有呢？一定要加强锻炼哦。哪怕已经年过六旬，也要保持良好的身体机能。再也没有什么比爸妈的身体健康更重要的事了。

2.别忘了保持乐观、积极向上的心态。俗话说得好，笑一笑，十年少。要多出去走走，做做自己喜欢的事，每一天都要过得开心、愉悦。不然可就枉费你们给我取的这个名字了。

3.愿我们都能过上自己想要的生活。我们现在之所以努力，不也是为了爱人、为了家人能过得更好吗？想象着，二十年后，我们一家人，坐在西式的壁炉旁取暖，面前放着三杯热腾腾的茶，身边坐着爱的人、一只猫、一只狗，温暖而惬意，简单而美好。我们要好好在一起，走遍各个不同的地方，看不同的风景，体验不同的人和事。

曾有人对我说，天使是虚拟的，他们不存在于这个世界。我也曾信以为然。直到那天，一向固执的妈妈，为我改变了自己的主意；一向不善言辞的爸爸，为维护我说了那么多的话；一向骄傲的你们为我低下了高昂的头颅。我才意识到，原来天使一直都在我身旁啊；天使，是真正存在于这个世界上的呢。

闭上眼，是妈妈纯净而不掺任何杂质的笑容，是爸爸那双粗糙有力的大手；是妈妈温暖亲切的眼神，是爸爸坚定且鼓舞人心的话语。我不由得开始畅想未来了。生活本是一个巨大又空洞的壳，而你们却为它添上了多姿多彩的图案，现在，就让我来为它添上更多的色彩吧！

愿你们都能被岁月温柔以待。

爱你们，无需理由。

祝：天天开心！身体健康！阖家幸福！

你们的女儿：李乐希

2019年3月23日

（指导老师：周炳析）

拥抱幸福

梁言

亲爱的父母：

你们好！

你们的“铠甲勇士”宝贝在书信大赛的复赛现场，写下了这封二十年前的稚嫩的信。

你们还记得吗？二十年后的你们还记得吗？我考上了一所理想的中学，同学们都非常优秀。在这个强大的集体里，我忽然感受到了前所未有的压力。我努力地追赶，但是就算踮起脚也无法让别人看到自己的存在。

就在这时，命运还跟我开了个玩笑。我想，这或许是你们至今都印象深刻的。我在体检时被检查出腰椎侧弯，程度有点严重，需要佩戴矫正支具进行治疗。当时医生说，每天佩戴支具必须超过二十个小时，还要做一个半小时的矫正操。为了防止影响血液循环和肌肉萎缩，每天必须坚持运动。而这一切，要坚持两年以上才有效果。这对于初一时的我而言，可不是一件小事。

我记得很清楚，当时你们的脸上充满了焦虑，因为网络数据显示，有将近八成的孩子无法坚持。你们担心我忍受不了佩戴支具的痛苦，担心我不能坚持每天运动，更担心我接受不了同学们的异样目光，有心理障碍。

让我告诉你们一个二十年前的秘密吧。那天夜里，你们鼓励我要向外婆选择接受挑战这件事学习，别的没再多说。我想你们当时一定很理解我的困苦。那晚我彻夜难眠，我想到了外婆做手术和化疗的事。有一天，她突然出现在我的校门口，戴着一头酒红色假发，笑称自己更时尚了。她还指着装有起搏器的右胸，说自己是体内有机器的“变形金刚”，特别厉害，让我不要担心她。最后我决定接受佩戴支具，坚持每天运动，做一个像外婆一样的勇士。

这个支具可真贵！当我从医生手中接过它时，冰冷的触感让我忐忑不安。就这样，我戴上了这个属于我的特殊而又昂贵的“铠甲”，变成了一个有点麻烦的人。做操、吃饭、跑步……我一会儿脱一会儿穿，从一开始的笨手笨脚变得逐渐娴熟起来。后来的我，五秒钟能脱，十秒钟能穿。每天晚上洗澡的时候，卸下“铠甲”，就会发现身体被勒出一道道红色的痕，手一碰就疼。

在这段日子里，有些生活片段是我今生难以忘怀的，它们包含着你们对我满满的爱。每天晚上，家家户户的灯都关了，只有你们还在细声讨论我明天的着装：怎样才能让我不觉得热，怎样才能让我卸下“铠甲”更方便，怎样才能不让别人看到我的“铠甲”。记得有一次，我们一家三口走在路上，我忽然觉得身体特别难受。这时爸爸帮我卸下“铠甲”，拿在手上，得意地说：“我帮你拿吧，这样别人就不会用异样的目光看着你啦！”

二十年后的我早就不用戴着这个坚硬的“铠甲”了。我想，二十年后的我们一定过着不一样的生活。我不再是那个青涩的学生，或许你们也开始向外婆学习，到公园散步了呢！但无论如何，我相信你们和我一样，忘不了那段时光。是你们陪我走过了这段特殊的日子；是你们想方设法让我更好地完成这个挑战；是你们把溢于言表的爱化成行动守护我。我爱你们，很爱很爱。你们拉着我走过前半生的路，就让我扶着你们走过后半生的路吧。我希望二十年后的我们能找一天坐下细细品读这封信，拥抱幸福！

敬祝：身体健康！

你们的女儿：梁言

2019年3月23日

（指导老师：楚云）

亲爱的爸爸

谭斯然

亲爱的爸爸：

最近是否还爱在月光下温一壶酒，数着星星入梦？

当你和妈妈看到这封信的时候，我已经三十五岁了，愿这二十年的岁月让我们还能做彼此的朋友。

不知你是否还记得，二十年前，我们一家喜欢手牵着手幸福地走在大街上。微风习习，洋溢着甜蜜与欢笑。我们总爱坐在院子里，听风轻诉，共赏圆月之美。那时街边的路灯昏昏欲睡，天上的星星点点早已入梦，却想偷偷摘下一颗，放入你的梦里。

你知道吗？小时候，我总想着一个奇妙的问题：我是不是一个天使？又或者我是个小精灵，偶尔可以使用我的魔法，让路边的小花开放，让哭泣的女孩欢笑。你听到我这奇妙的想法，并没有笑。你告诉我，每个孩子都是上天派下来的天使，是爸爸妈妈最为珍贵的礼物。起初我并不明白，只望着你的笑眼，觉得就像是冬日的斜阳，温暖了我的世界。

从那时起，我便明白，我是你的心头肉。

时光荏苒，一转眼，沧海桑田，人世变迁，忽然一瞬间长大，就像被时光的手擦模糊的画。眼前中考的号角已吹响，生活更是平淡如水。客厅里的电视声，越来越小。就连大家坐下，也是小心谨慎的。深夜里，只见那温暖的灯光从门缝里悄悄钻进。轻声走出房间，却发现你们疲惫的身影躺在沙发上，温柔的呼噜声洋溢着无尽的爱意。

其实，对于中考，我并不是怕考不上自己中意的学校，而是害怕望见你们失望的眼神而不知所措，感谢你们，让我明白了厚爱不及长伴，深情无须多言。

二十年的时光，或许我早已考上我心仪的学校，现在的我也四处奔波，向我的梦想前进。我不愿长大，更不愿你们变老。我害怕见到你们满头白发时落下心酸的眼泪，更害怕见到你们眼角的皱纹无限延伸，因为我知道，哪一丝白发、哪一条皱纹不是因我而生？但这岁月之美，不就在这流逝中吗？在这春花秋月、夏日冬雪中。

从小，我就想，长大以后，我要带着你们去世界各地旅游。

我们现在已经去了大半个中国，我爱这世间的美景，更小心守护着一直埋在内心最深处的梦想。我幻想着沙滩上的脚印能记寻着我们之间的故事，倾诉着我们的爱。

但纵使这世间繁花似锦，也敌不过你低眉一笑。见到你们笑眼弯弯，便是我要探寻的甜蜜。这温润岁月，有你们常伴，足矣。我害怕这岁月会冻结我们的记忆，封印我们的故事，但愿二十年后，我们还像现在一样，我能一头扎进你们怀里，告诉你们这些天我想你们了。

永远爱你们！

你们的女儿：谭斯然

2019年3月23日

（指导老师：郑结铭）

致我“讨厌”的爸爸

黄宸熙

致我“讨厌”的爸爸：

爸爸，我的“好兄弟”！现在已是春天，您的腿脚可好？若行，我便不多说了，这是我写给您的第一封信，希望您能喜欢吧。

2007年，是特别的一年。您出了车祸，我来到了这个世界。来到这个世界不久，我就被您折腾——就因我太像您了，人们常说：“你瞧，这就是黄建军的女儿！简直一模一样！”但我知道，其实您折腾我是因为第一次做爸爸紧张吧？但即使您努力去做一个合格的爸爸，我也“讨厌”您！

在世界上的第二年零三个月，不知您是否还记得我后来是如何得“洗头困难症”的：您不像妈妈轻抚我的头发，而是拽、拉、刷，虽然是有点夸张，但您可知，当我被您摁下水盆时，泡沫浸湿我的双眼，呛鼻的味儿扑鼻而来，我大口大口地咽着泡沫水……直到我认为快要窒息的时候，您才将我慢悠悠地拽起来，再洗一遍。您毫无察觉我的双眼被淹红，大口大口吐出不明液体。要不是那时妈妈及时赶到现场，哼！“好兄弟”，也许如今我还记恨着你呢！

爸爸，我认为咱爷俩之间真是相爱相杀。有一次在外人面前，您啊，搂着我，牵着妈妈一个劲儿地亲，又与我对视，您的眼神中充满着“嘿！念在我们‘兄弟’一场，你和你妈配合一下”的渴望。不得不说，这时我倒充分体现了您的“优良传统”——瞬间站起来，挣脱开这刺刺的拥抱，飞快逃离现场，还转过头来挑衅一番。那是因为本来我和您是一伙的，专门对抗妈妈的“毒舌攻击”，但有一次是您自己在外边儿犯了家规，妈妈质问您的时候，您竟然把我给供了出来，连累我同您一起被骂！别以为我不晓得这件事，其实我和妈妈也是一伙的，“姐妹”情义总比“兄弟”情义长久，因此，您别乱说话呦！不然，我会“讨厌”您！

说到妈妈与您，在我看来你俩不同于电视上的夫妻，你们更多是吵闹和互黑，但我也希望你俩可以去除“三八线”回到初恋的感觉，我并不在意呦！我和您说过，但您也只是盯着个手机大呼小叫，就在最近，您经常拿手机当宝，这不，夫妻俩吵架了吧！我在房间睡觉，你俩在门外吵吵嚷嚷，杯子破了，桌子翻了，声音一个比一个高，突然，一只手重重打在脸上的声音响极了，回荡在家中的各个角落。我打开门，一看，原来是您把自己给打了，摔在地上，妈妈哭了。我紧紧抱着布偶，心中不由得升起一股怨恨，随即，妈妈愤懑地冲向我的房间，紧紧抱着我，随后双手慢慢滑落，将我抱上床，静静地搂着我入睡。我紧握拳头，想着您发火的样子，心里默念：我真的讨厌爸爸！这时妈妈嘟囔了一句："你爸是个好爸爸！"我松了松拳头，怒火熄了，哭笑不得。虽说您少在家，经常在外头"鬼混"，但您还是为了这个家，有一次我生病了，您不顾工作飞奔到医院逗我笑……我不知该讨厌您，还是将心中"我爱您"三个字当作秘密埋在心里，我不想让这矛盾的爱延续了，我想保留与您快乐的时光！

爸爸，对不起，我做不到大胆表达对您的爱，让我将这爱埋在心里好吗？让我继续"讨厌"您，用这种开玩笑的方式表达我爱您好吗？不管怎样，我尽力了，二十年后的光阴我会珍惜，会将这份爱埋在心里。放下您手里的手机，让我看看您，爸爸，您真的老了，老得让我俩的爱更加深厚了，我在长大，您在变老，我用这种您与我都懂的语言告诉您："爸爸，我'讨厌'您！"

敬祝：岁月永葆您对我的爱，一切康健！

您爱的宝贝熙宝宝：黄宸熙

2019年3月23日

（指导老师：温海霞）

致二十年后的父母

刘佳佟

亲爱的爸爸妈妈：

你们好！

当你们看到这封跨越时空的信时，你们已经到花甲之年了，而小小的我也一定长大了、长高了。你们的头发是不是变得花白了呢？未来的一切，都是未知的，但我肯定，有一样东西是不变的，那就是你们对我的爱。

你们陪伴了我成长，从没有缺席过；我也陪着你们变老，没有停止过。岁月的脚步匆匆，带走了你们的青丝，留下了几根亮闪闪的白发，带走了我的年少无知，留下了我对未来的憧憬。

很小的时候，我总是轻易地说出那句“我爱你”，我并没有意识到，这句话，说了一次，就少了一次。只记得，你们在听到这句话后灿烂的笑脸，把我小小的世界融化。那时候，每当我犯了错，只要我可怜巴巴地对你们说一句“我爱你”，你们就会心软，就会原谅我。我年幼无知，还不明白这句话的分量，就轻易地许下这个意义重大的承诺，更不知道，承诺是要兑现的。

八岁的时候，这句话无声无息地减少了。年幼时的承诺渐渐被我淡忘，消失得无声无痕。有时我也会奇怪，可当我想说的时候，张了张嘴，只剩下沉默，我下定决心，不再为此努力。一年又一年，日子如潮水般奔涌而去，那些曾发生过的趣事，在记忆中慢慢封存。

直到现在，我开始沉默寡言，和你们渐渐疏远。偶尔开口，却只是争吵。一天，我流着泪倚在雨迹斑斑的玻璃窗前，随手翻着朋友圈。爸爸，那一天，我无意中翻到了一条很久以前的信息。顿时，止不住的眼泪打湿了衣衫，用手一抹，泪水沾了满手。

一张略旧的照片，背景是某个公园。一个穿着粉色公主裙，扎着两条小辫的大眼睛女孩，咧开小嘴，趴在石桌上放肆地大笑。无忧无虑，像一个快乐的小公主。模糊的泪眼中，我辨认出那行字：结婚七年，最珍贵的就是这个东西了。曾经那一句句“我爱你”回荡在耳畔，我忘了，我怎么会忘了！那一句“我爱你”后，分明还有一句“我也爱你”啊！我轻易地承诺，换来你们真心的承诺，我的叛逆，我的坏脾气，在你们柔软的心里，都被包容了。

二十年后，我是不是如愿以偿，当了一名光荣的人民教师呢？你们有没有常跟我谈心呢？我有没有去看望你们呢？血浓于水，我们永不分离；我要郑重地许下承诺：我爱你们，爱你们到底。爸爸妈妈，如果二十年后的我也在你们身边，就让我对你们说一声“我爱你”吧，哪怕抱一抱也好。

原谅我的叛逆，我会改变自己。

我愿意守护你们一辈子。

祝你们身体健康！

爱你们的女儿：刘佳佟

2019年3月23日

（指导老师：叶映莲）

你们的良苦用心，我懂了

廖诗鎣

亲爱的爸爸妈妈：

转眼间，我们一家人相亲相爱地走过了十二年。在这十二年的时光里，少不了的是你们对我的谆谆教导。

从小到大，爸爸您都一直默默地爱着我，而我却一直不明白您的用意。其实您一直充当着“懒爸爸”的角色，那“懒”的背后隐藏了不知多少您对我的良苦用心。

记忆中的某些场景浮现在脑海中，我终于明白了些什么。

两三岁的我，走路还老是摇摇晃晃的，经常一个不小心就摔在地上。这时的我，便同其他孩子一样，赖在地上不肯起来。您也不着急，慢悠悠地在我身旁蹲下来。“你能自己起来吗？”您的鼓励，让我一下子有了力量站起来。

六岁的我，开始步入小学生活了。麻烦的是，一年级的小人儿想法多，字却没几个会写的。我只好跑去问您。您听了，什么话也不说，只是淡淡地用手指点了点书桌上的《新华字典》。我没法子，只好自己走过去。

八九岁时，班上的同学开始买各种各样好看的新球鞋，特别流行“中性风”。当然，我也不例外，家里有几双球鞋。每次出门回来，鞋子就黑黑的了。妈妈，您总是想过来帮我洗，嘴里却念叨着什么“不听话”“才出去多久呢！”“鞋怎么弄成这样了！”爸爸，您这时总会插一句：“自己的事情自己做。”我无奈地跑去阳台上刷鞋。

就这样，您不帮我做的事情我全都会做了。您知道吗？老师、同学都夸我是个独立自主的孩子呢！我心里别提有多乐了。直到现在，我才明白，您是在用无声的语言培养我独立自主的好习惯。您的良苦用心，我懂了！

妈妈，我知道您一定了解我害羞的小习性。每次老师给我的评语“文静懂事”“腼腆”您都看在眼里。

直到那次芭蕾演出，您改变了我。

灯光唰的一声聚集在中间。那位身穿芭蕾舞裙，头戴闪亮皇冠的舞者在台上跳着，像一只优雅的白天鹅，扇动着那洁白的羽翼。我被深深地吸引了。

走出剧院后，我的脑海中还是浮现着那一抹白色的身影。

我对您说："妈妈，那舞姿真是吸引人啊！"您向我温柔地笑笑，对我说："与其说你是被她的舞姿吸引了，不如说是她身上自信大方的气质吸引了你。"我似懂非懂地点了点头。

告诉您一个秘密：您的那番话像一颗种子一样在我心中发芽了。我踊跃地参加了故事大王比赛，还被老师夸奖了呢！

您知道后，抱着我，我看见了您眼里的泪光。您告诉了爸爸，于是你们一下班就陪我去熟悉讲稿。

比赛那天，我在台上从容地演着、说着。谢幕时，我不经意间瞧见了你们俩鼓励的微笑，眼眶不由得湿了。我别过身，用手背使劲地抹眼泪。

爸爸妈妈，二十年后的我们，一定会越来越好。爸爸，听说女儿长大后与爸爸的话会越来越少，我觉得我们一定不会的，对吗？

妈妈，您别再为我操劳了，您的白发越来越多了。

爸妈，女儿长大啦！风无声，吹绿了大地；爱无言，滋润了心田。你们的良苦用心，我真懂了！二十年后，我对你们的爱，会越来越深。我爱你们！

你们的女儿：诗蓥

2019年3月23日

（指导老师：林琳）

您陪我长大，我陪您变老

张韵婷

母亲：

二十年后，我们都变了。您看着我从一个吃奶的孩子慢慢成长，长成了一个独立的大人；我看着您从年轻渐渐老去，变成了一位老人。上天让我们相遇，让我们改变彼此、珍惜彼此。

您还记得我满月那天吗？您哭了，爸说："她的眼泪像珍珠。"我不知道为什么。后来。外公告诉我，您当时一边哭一边死死地抱着我，说我是您的宝贝，谁也不准欺负我。"原来，她是想到将来会有人欺负你呀！"外公拍着大腿说。现在，我明白了，您这样坚强，却因为担心我被欺负而在大家面前哭了。您的眼泪不是像珍珠，就是珍珠！因为，里面含了浓浓的母爱呀！

您还记得我们的约定吗？我十岁那年，信誓旦旦地跟您讲：

“妈，你喜欢哪个城市？”您说您喜欢杭州西湖。我说好，我一定陪您去！一定带您去世界各地旅游！您微笑着点点头。于是，这成了我们的约定，也成了我奋斗的目标。我每天都上网查资料，将搜集的资料整理分类，整理了厚厚的一本。当有一天我将它展示给您看时，您喜极而泣，不停地吻着我的额头。那时，我便暗下决心：一定要做到！

您也有狠心的时候。上一次，我作业没做完，就骗了您，并跑出去和小朋友们玩了。您狠狠地批评了我，还说做不完就不准睡觉。无论我怎么哀求，您都不肯让步。后来，我趴在沙发上累得睡着了。您悄悄地把我抱进屋子里，心疼地摸着我冰凉的头，说：“娃娃，妈不是狠心，而是恨铁不成钢啊！你疼，妈心里何尝不疼呢？但切记，以后不能再撒谎！”

母亲，您在我成长的道路上，亦师亦友。您教会我人生的品格、知识道理；您陪我走过风风雨雨，与我同舟共济。

母亲，还没好好看看您，您就老了。记住我们的愿望，二十年后我会陪您跳广场舞、做饭；记住我们的约定，二十年后我会陪您走遍大江南北，把西湖看上一万遍。我们母女共度的时光，是彼此最美的年华。您陪我长大，我陪您看夕阳西下，一起变老。

爱您的女儿：张韵婷

2019年3月23日

（指导老师：邝雪芬）

时光蹉跎了你们的年华

吴欣欣

敬爱的父亲母亲：

你们好！

窗外，鸟语花香，清香袅袅。我坐在窗前，陷入沉思。二十年后的我，是这么坐在窗边陪着你们，还是独自在外拼搏闯荡？二十年后的我，是否仍能保持如孩童一般的童心？

我能够想象到，二十年后的我的父亲母亲啊！时光一定在你们脸上留下了褪不去的如刀划般的皱纹，时光也一定悄悄爬上你们的头顶，默默地花白了你们的头发。你们的背一定不再笔直，腿脚一定不再像现在这般利索——你们老了，时光这条长河，竟真的缓缓慢慢地流走了你们二十载年华……一想到这些，我的心便不住地疼起来，心情久久难以平复。

将时光倒回十二年前，那时的我，还是个只会哇哇大哭、什么也不懂的婴儿，而你们，也还是那风华正茂、成熟稳重的青年人。我喜欢躺在母亲的怀里，听您唱歌；喜欢牵着父亲的大大的手，听您讲故事。从小到大，我都是你们的掌上明珠。你们宠我、爱我，将最好的留给我，把半生的精力都花在了我的身上。不论我想要什么，不论我是否成功，你们都愿意默默在背后支持我、教导我，做我最坚强的后盾、我人生的第一个老师，不求回报。

十二个春秋过去，我已经成为步伐矫健的少年郎，面临着人生第一个考验——小升初！我的压力随之变大，压得我有些喘不过气来。你们的眉头也常常紧锁着，就像上了锁的门。我每天过着三点一线的生活——家、学校、培训机构。那可真是让我累透了。每当我筋疲力尽时，总会浮出一个念头：为什么你们对我的期望那么高？你们都不考虑我的感受！但这个念头一出来，便被你们对我的爱压了下去。是啊！我是真的很累！但你们又何尝不是呢？你们也每天奔波，为的就是让我能有一个好的前途、好的未来啊！你们曾经说过，让我长大以后去大城市生活，不用管那路途遥远，只要我过得好，过年不回家都没事……那是多么伟大的爱啊！我有着如此伟大的父亲母亲，却还不懂感恩，总是抱怨，太不孝顺了……

如果可以，我希望，二十年后你们能够安好地陪伴在我的身边，仍能教育我、指引我，窗外仍能是一片美好；我仍能坐在你们的身旁，陪你们回首往事，畅聊心事……

此致

敬礼！

你们的女儿：吴欣欣

2019年3月23日

（指导老师：杨玉兰）

亲爱的外婆

宋欣桐

亲爱的外婆：

您好！

如果您能收到这封信，一定会感到意外吧。虽然我们生活在一起，但却因为年龄的差距常常无话可谈。可就在我拿起笔的一瞬间，往事如烟般飘过，我的心被震撼了。所以，这封信，我要写给您。

在我眼中，您并不高大，却能时时保护我；您并不博学，却总能告诉我许多为人处世的道理；您并不耀眼，但您做的每件小事中，都能折射出您的伟大。

我还记得，小时候我刚会走路的时候，经常摔倒，而您不会马上扶我起来，而是拿着我的玩具，脸上挂着笑容，乐呵呵地哄我爬起来。我不知道是不是您的笑容给予了我勇气，每次我都能勇敢地爬起来，走到您身边。

等我上幼儿园时，您总会风雨无阻地接送我，回到家中，有时还会把着我的手，教我写字，虽然写出来的字歪歪扭扭，可我依然觉得十分快乐。

渐渐地，外婆老了，人变得一天比一天爱唠叨，有件事也自然而然地浮现在我的脑海。那天您说："这星期要多带几件衣服去学校，因为有冷空气。"可我没有听您的劝告，独自拉起行李箱去上学，没走几步我就后悔了，狂风把树叶吹得飒飒作响，枯黄的树叶无力地飘下，仿佛是一曲送走夏日的悲悯挽歌。风几乎阻挡了我的脚步，我只好缩着身子冒风前行，呼呼的风直往我脖子里钻。我好不容易来到了地铁站，就听见背后有人在喊我的名字，我一转头，差点叫出声来：您推着车，车筐里放着满满一袋子的厚衣服。您本来就瘦小，在昏暗的灯光下更显单薄，您也缩着身子，微微眯着眼睛，一手扶车把，一手扶住车筐里的衣服，顶着风，迈着小步，步履蹒跚地朝我走来。您立刻找出几件衣服，把背在我身上的书包解下，麻利地为我穿上衣服，又微微蹲下身子，为我系上扣子，然后又重新帮我把书包背上。您说："叫你多带几件厚衣服，偏不听，再不多穿几件就冻感冒了！"我的心猛地一凛，站在原地不知该说什么好。您似乎看出了我的窘境，慈爱地向我笑笑，然后拍拍我的肩膀，转头走了，没走多远，您又转头朝我挥挥手。我鼻子一酸，泪水像一层雾似的蒙住了我的双眼。

直到有一天，我看见邻居家的奶奶带着她的小外孙买棒棒糖吃，两人高高兴兴，有说有笑的，我仿佛找回了我自己。这不正是我小时候最真实的写照吗？

外婆，您知道吗，您在我心中就像棵大树一样，我在您的呵护下成长，拥有一个快乐的童年。

外婆，我爱您！

祝：身体健康！

宋欣桐

2019年2月6日

（指导老师：黄海峰）

亲爱的太奶奶

叶佳琳

亲爱的太奶奶：

您好！

真的是好久不见啦！自从您几年前离开我们这个大家庭之后，大家曾一度沉浸在失去您的伤心中。记得您生前对我们这些孩子们很是疼爱呢，每次回老家，您总是把姑姑们送给您的小零食拿出来给我们吃，拉着我们的手，给我们讲故事，陪我们聊天……当时您是多么慈祥，一脸淡然自若的样子，总是能让我把所有烦恼都忘了，让我觉得在这个世界上没有什么过不去的事了，让我再次抬起头，向未来迈步向前……

真想回到过去呀！亲爱的太奶奶，现在大家都觉得小时候的时光很美好，很想回到小时候。是呀！我也这么想，小时候的我们十分天真，没有任何负担，没有任何烦恼，一家人其乐融融的，好玩得很呢！但是，随着时光流逝，我们逐渐长大，成长的边界就是成熟，我们抛掉了自己曾经最宝贵、最纯真的那份幼稚，有了不少的烦恼，唉——您能听见我的诉说吗？

亲爱的太奶奶，我觉得长大好烦呀！长大后，我逐渐有了自己的意见，和父母总是有点合不来，其实我很想去顺从他们的意见，但是我做不到！我有自己的想法，我不能总是按着他们的安排去做。我想要独立，我不想做一个“提线木偶”！亲爱的太奶奶，我想有自己的空间，有一个能自己决定的真正的好朋友！您会支持我吗？

亲爱的太奶奶，也许在您眼里，几年前的那个我，是个很活泼、很喜欢交朋友的、人缘很好的“小孩”，我有很多很多的好朋友！但是开朗的我如今却十分郁闷呢！随着长大的步伐，我总是觉得身边的好朋友一个一个地疏远了我，他们逐渐有了自己的圈子，经常有点聊不来的感觉……好烦恼啊！亲爱的太奶奶，您能告诉我，我该怎么办吗？

说到这里，我觉得，要是您还在的话，一定会像以前一样，安静地听着我诉说，脸上露出微笑，用您那宽大的、温暖的大手掌摸摸我的脑袋，告诉我没关系，一切都会好起来的……

亲爱的太奶奶，我真的好想好想您呀！您的慈祥，您的可爱，您那温暖的微笑，您的一切……您知道吗？广州是个很漂亮的城市，美食也分外好吃呢！而且，今年我在广州过年了哦！这可是第一次呢，嘻嘻！我和爸爸妈妈，还有妹妹以及小姑一家一起去看花灯，逛花街，拜年，还看了海呢！感觉好幸福呀！不过……要是您还在的话，我很想带您去瞧一瞧广州美丽的模样，让您做一回“吃货”！因为，我们都想看到您开心、惊喜的笑容。

亲爱的太奶奶，这些年，我十分想和您说说话！终于，我找到了最好的方式——就让我们在信中见吧！

对了，还有最后一句话：亲爱的太奶奶，我们全家都很想您！祝您天天开心，保持最纯的微笑（永远）！

永远爱您的曾孙女：叶佳琳

2019年2月1日

（指导老师：陈文颂）

致二十年后父母的一封信

李嘉文

二十年后的爸爸妈妈：

最近过得怎么样？生活是否顺心呢？身体是否健康呢？退休后的日子还不错吧！我是你们二十年前的女儿。从刚刚的那一大串问号中，有没有感觉到我浓浓的关心呢？哈哈，下面就是我想说的话了，你们慢慢看吧！

现在的我还小，还是一名九年级的毕业生，为了中考已经进入了紧张的复习状态。果然初中的最后一年就是我们最苦的时候，学校每天都会布置很多作业，老师们在讲台上噼里啪啦地把过去两年里学的知识又重新讲一遍，他们老是说："再不努力就没机会了！"班里也早早开始了中考的倒计时。这段日子以来，枯燥的复习让我很疲惫，晚自习后一回到宿舍，我就会迫不及待地躺在床上，享受一天中难得的休息时光。初三的气氛太过紧张，我真的想好好休息一下，把烦恼统统抛掉。

但是初三的生活也是快乐的。班里的同学勤奋多了，给我树立了榜样；课余时间大家也会开开玩笑，一起聊天放松。他们的陪伴和鼓励让我感到无比温暖，给了我坚持下去的信心。老师也很体贴我们，会关心我们累不累，会买零食给我们当作奖励，我真的很感谢他们。为了我自己的目标，我会和大家一起努力，奋战中考，不留遗憾。

这些就是我的近况，你们不用为我担心。鉴于未来还没到，那就让我来猜猜你们现在的生活吧！只是不知道现实会和我的想象相差多少呢？

我猜你们现在应该在深圳生活吧，毕竟那是我一直以来最喜爱的城市，我记得我十四岁生日时许的愿望就是去深圳工作呢！也许未来的我在腾讯公司工作，已经有了稳定的收入，或许还是一位“女强人”，雷厉风行，做事果断，这就是我梦寐以求的形象啊！要是美梦成真，那该多幸福！你们抱外孙了吗？应该抱了吧，毕竟工作那么辛苦，我一定会选择在事业未起步时生孩子，然后专心工作。那么想来，现在你们的生活应该是很充实才对吧！家里多了一个像我一样的“小妖精”，多好玩呀！

老爸老妈，虽然我觉得自己好啰唆，但还是忍不住多说几句。老爸，您的咖啡和烟戒了吗？二十年前您就不听我的，不知道后来您有没有改正过来。过量喝咖啡和吸烟对身体真的不好！如果您还没有改，听话，戒了吧！老人家喝茶多好，是不是？还有老妈，您的胃不好，要定期检查，千万不能像以前那样拼命工作而置身体于不顾了。我还想你们能陪我久一些呢，陪我在大城市里打拼，陪我享受美好的生活，陪我一起旅游，去看各国风景……反正有你们在，困难再多，人生再难我也不怕。

爸爸妈妈，你们的女儿现在已经过了而立之年，我觉得她的压力也许很大，希望你们多鼓励和体谅她，因为她的心里一直装着你们。如果她听到你们的夸奖，一定会很开心的！

在最后的最后，我想说：要保重身体，我会一直一直爱着你们。

十五岁的宝贝女儿：嘉文

（指导老师：胡桂芳）

给外婆的一封信

高凯彤

亲爱的外婆：

在信的开头，我想先唤您一声“外婆”。这两个字仿佛融汇了世间所有的温暖和幸福，唤醒了心底的童年回忆。

“落雨大，水浸街，阿哥担柴上街卖……”您还记得这首歌谣吗？每当雨姑娘在我伞上抚琴，儿时的一幕幕就像幻灯片一般在我眼前播放着：雨丝顺着瓦片潺潺泻下，您挡住向我奔来的雨水将我抱在怀中，一边唱着这首歌谣，一边把我安置在温暖干净的地方。您又打喷嚏了，但您还是微笑着说：“它也嫌我唱得难听呢。”我强忍着泪水，也学着您抿起唇角说道：“哪儿会呀，连百灵鸟都在学您唱歌呢！听……”雨停了，手中小伞的花伞面儿依然是湿漉漉的，像极了您被雨打湿的后背。

如今的年代也算衣食无忧：夏时酷热有空调为伴，冬时寒冷有暖气作陪，深夜失眠可以收听凌晨电台……可我依然觉得：您的蒲扇才能摇来夏天最凉爽的风，您的被窝才是冬天里最温暖的火炉，您的故事才可以让我最安心地走进梦乡。您说蚊帐外有能抬起两个大汉的"蚊王"，您说窗外有能一口吞掉小屁孩的大灰狼，您说竹林里窸窸窣窣的声音是大猩猩在引诱过路的人……可因为您在身边，我一点儿也不害怕。您温暖的手掌似乎有无穷的力量，能牵引着我去克服一切恐惧，战胜一切困难。

您的衣服缝缝补补，却总塞给我一把钱让我买件新衣；您最害怕蛇了，却在看见蛇的时候反射性地将我护在身后，握着拳、咬着牙去赶蛇；您的眼皮已经有千斤重了，却还是彻夜未眠地照顾生病的我……您给予了我太多太多的爱。您从来不向别人宣泄您的苦痛，您从来不把重任分担给别人，您从来不在我面前掉一滴眼泪……您就像世间最温暖的一缕阳光，总是承担着风雨，给我们带来了彩虹。

白驹过隙，时光荏苒，一晃便过去了十几年。随着年龄的增长，我留在您身边的时间越来越少了。每次回去看您，您都说我长高了许多，我不免心里一阵酸涩。我拥抱您的时候，才发现不知何时起，您的头发已逐渐花白，腰已渐渐直不起来。在学校备考的我直到周五晚回家听见母亲与您对话，才知道您已住院许久了，害怕我担心便一直隐瞒着。我捂着嘴，任凭眼泪在脸上横行。

一阵电话铃将我的回忆打断——是您打来的电话。我有千言万语在心里乱窜，却不知道如何去述说。我多想像我当年拍着胸口所承诺的那样：给您买红艳的旗袍，和您去北京的学堂咏雪，和您种下一株漂亮的红牡丹……就像您当年费尽心力去完成我的心愿一样。

外婆，小时候，是您牵着我的手，一步步地教我走路。现在，就让我牵着您的手，一起去领略世间的美丽吧！

您的外孙女：彤彤

2019年2月11日

（指导老师：郭幼梅）

给爷爷的一封信

程若

亲爱的爷爷：

您好！

在那个世界生活了五年，可还安好？这几年来，孙女时常想起以前与您一起度过的时光，但如此反倒增加了心中的落寞。因而思虑甚久，郑重写下这封信给您。

少时很多事都已忘却，依稀记得的事大多与您相关。

记得早些时候，您的身体还算硬朗，而那时我也是顽皮，为了摘果子去钻狗洞，在草丛里捉蚱蜢……无所不做。只是每当傍晚回家时，奶奶就会拿着赶鸡的大竹棍子在门口等着我。您却从后门偷溜出来，在那条我经常走的、长满杂草野花的小径上，拿着一块湿热的蓝纹毛巾，小声对我说：“快点，小花猫，把脸擦干净，你奶奶待会儿又要骂你了。”那时的我只觉得当毛巾在脸上摩擦时，好温暖。现在想来，温热的蓝纹毛巾大概就是那时心底最柔软的温暖了。

您年轻时是个铁匠，虽已到暮年，可您却依然有这个念想。我反坐在我经常坐着的小椅子上，半眯着眼，甚是惬意。您黄瘦的脸颊因打铁太过吃力而涨得通红，银白的发丝随着打铁有节奏地抖动。“叮……叮……当……当……”我睡着了，当我从床上跳下来，大叫着您的时候，您就悄悄走到我身后，捂住我的眼睛：“怎么了，小孙女？”我认出您的声音，转过身来：“爷爷，我跟你讲，我梦见了一个……”最深刻的是您慈爱的笑。之后，有很多次做梦，梦见了那叮叮当当悠长而清脆的敲打声，仿佛在我灵魂深处不断回荡。

小时候总是不明白，一个倔强老头，为什么总那么爱照镜子，还总爱把自己头上那撮白里掺黑的头发梳得整整齐齐的，然后再对着镜子做一个很傻的笑：一对瓜子大小的眼眯在一起时，牵使眼角的皱纹都挤在一块。干裂的唇微微上扬，眉梢也染上了慈爱。这样的笑，不就是您平时对我们的笑吗？

爷爷，我有点想您。

您喜欢安静，喜欢坐在椅子上看雨。那天晚上，您得到了永恒的安宁，我才知道，我永远失去了您。

妈妈什么都没说，拉着我从县城赶到乡下。当我们赶到时，一进门，就见到那么多张熟悉的脸。我深刻地记得，那天的夜晚阴沉得可怕，连月亮都埋进了云中。没有一个人的脸上有轻松的表情，全都是压抑而凝重的。奶奶坐在您旁边，闭着眼用手背抹眼泪。爸爸带着我跪在您面前的草垫子上，轻轻地与地面相碰。我的鼻子有点发酸，但眼泪硬是倔强地没有掉下来。

我知道，您和奶奶都是爱我的，但同样是充满爱意，您的蓝纹毛巾，奶奶的大竹棍子，两种爱表达形式不相同。奶奶的爱无言却严厉，相比之下，您的爱细腻得多。

还有很多话来不及对您说，即使这是一封没有回信，也寄不出去的信，但我都想说：爷爷，谢谢您。

最后，爷爷，我想您了。

此致

敬礼！

孙儿：若

2019年2月24日

（指导老师：卢婷）

亲爱的妹妹

余清

亲爱的妹妹：

在我十二岁那年，你发出了你的第一声啼哭。

你有一双胖嘟嘟的小手，圆圆的小脸蛋，我的心都快被你融化了。第一次见你，你就这样安静地躺在妈妈的怀里，你乌溜溜的眼睛里倒映着我的影子和这个陌生的世界。从那一刻起，我便在心里默默发誓：我一定要好好照顾你。

你像是上天赐予我们家的礼物，所有人都将你捧在手心呵护，你一出生便聚集了所有人的关注与爱。我们相差十二岁，妈妈说我们俩都属猴，两只猴子一定会玩得很开心。

可我没有想到原来姐姐是这样难当。自打你从医院回来以后，我的床底放满了装你尿布和奶粉的箱子，衣柜里也要腾出一块地方来放你的小衣物，我也成了你的“御用冲奶师”。随着你慢慢长大，你开始学会调皮捣蛋，开始将你的“魔爪”伸向我。你把我的笔扔到垃圾桶里，撕碎我的课外书，在我的作业本上乱涂乱画，我的玩具也都被你占为己有……这一切都令我抓狂，可我也很无奈，长辈们都说你还小，还不懂事呢。我亲爱的妹妹，你要什么时候才能明白姐姐的苦楚呢？

你渐渐成为我的小玩伴，你的到来，也给我平淡的生活增添了无数快乐与感动。一到放假，我们俩就一起躺在床上唱歌、玩游戏，你笑得眼睛都眯成一条缝了。一看到你治愈的笑容，我觉得我之前受的委屈就都不重要了。每次出去玩，我都会带东西回来与你分享，渐渐地，你也学会了这种分享，妈妈给你的零食你也会跑来递给我一半。我总会笑嘻嘻地说：“妹妹真好！”我在心里默默想着：我一定会好好爱你。

我现在十五岁啦，眨眼间你也要三岁了。你会背着一个小书包，扎着两个俏皮的小辫儿，踩一双小皮鞋，神气地在我面前炫耀着。我看着如今的你，又想起过去的你，曾经刚刚出生的你，牙牙学语的你，蹒跚学步的你……每一个你都深深地印在了我的脑海里。这些最珍贵的回忆，我会小心翼翼地将它们封存好，等你长大了，再来与你一同分享。你现在要做的，就是平平安安地长大，要好好吃饭，别让家人担心你。姐姐很感谢你能够陪我一起成长，爸爸妈妈也非常爱你，希望你以后无论遇到什么事都要坚强，相信自己，姐姐会一直爱你。

祝：身体健康！

你的姐姐：余清

2019年2月3日

（指导老师：胡婷欣）

给“懒虫子”的一封信

曾桢

尊敬的蓝老师：

您好！

我们都知道“懒虫子”是蓝老师您的QQ号和微信号昵称，可是老师您为什么要把自己比作懒虫子呢？

“可是老师真的懒吗？”“不，恰恰相反。”我在心里嘀咕着。蓝老师，您不像低年级的老师，天天抓着我们练生字，守着我们背书……您好像每天都很轻松，不守着我们做这做那的，让我们学会独立思考，自觉学习。蓝老师您那么“懒”，为什么我们的成绩还往上提高呢？这应该是老师您的一种独特的教学方式。

老师，从五年级开始，我就对您有些印象。值日的时候，不管太阳有多晒，您也陪我们站在校门口。看到门口的人有困难，需要帮助，您总是第一个冲上去。您也会跟我们值日生开玩笑，那时您对黄浩杰说：“你的头发是不是用吃完的西瓜放在头上来剃的？”我们听了都哈哈大笑。这让我们对您印象非常深刻。他的心肯定很乱，像旋在风里的一片树叶，一会儿被抛到这儿，一会儿又被抛到那儿。不管怎样，我们还是很开心的。

如今，我们上了六年级，您竟然是我们的语文老师，真是太幸运啦！您特别重视写作。在五年级时，我们就有所耳闻。听说，凡是您接手的那个班，全班同学都会爱上写作，每天都争着来写班级日记。我想您是不是有什么神丹妙药？后来，开学不久，您在班上挑了一些写作文比较好的同学写征稿，我就在其中，我叫苦不迭，又不敢违抗。但是，几次写作后，我慢慢发现，我也爱上了这一段写作之旅。

您也特别重视写字。您常常对我们说：“字不一定要写得像书法家那样好看，但一定要工整。”您一笔一画地教我们，也不求回报。看着我们的字在进步，您脸上露出了笑容。

老师，其实我特别想吃你的花生饼。听上届的师哥师姐说您发给他们的花生饼有多诱人，有多美味。想到这里，我嘴巴不由得流口水。希望我们下次考90分以上的同学，也能吃上一次花生饼。

“春蚕到死丝方尽”，您就像辛勤的园丁，而我们是一朵朵温室里的小花，您把毕生的知识都传授给我们，老师，谢谢您！

祝您身体健康！

您的学生：曾桢

（指导老师：蓝定花）

爸爸妈妈，我永远爱你们

赵诗棋

二十年后的父母：

你们好！在2039年那个时候世界变了吗？你们变了吗？我也变了吗？还记得我小时候，我们可是形影不离的一个家庭。每当我喊一声“妈妈”或者“爸爸”，你们一定会回应我：“怎么了，小宝贝？”这温柔的声音日日夜夜地在我的耳边回响，让我感到无比幸福。

还记得你们时常教我怎样做人，怎样做个有品位的人，你们还和我说，这样才能让你长大有选择的机会。我希望在2039年那一年，我会成为一个在世界上不可缺少的拼图，在社交圈里不可缺少的一面旗帜。

我猜在那年的你们一定很老了，但是我知道你们还是相亲相爱的一家人，你们猜猜我那个时候在做什么工作，有什么新的目标呢？我希望我是一名合唱团的成员，在世界上有名的合唱团里学习；我还希望我是诵读队里的其中一位主诵。你们从小就一直用好的方式培养我，让我用清朗的音乐之声进入了合唱团，让我用激情似火的诵读之声进入了朗诵队，我要用我从现在开始的所有努力，化为感恩、浓厚而又温暖的爱来一一归还给你们。

妈妈，你是上帝派来照顾我的天使，你用一颗充满了爱意的心接纳了不懂事的我。在我小时候你还特意辞去了手头上的工作，一手把我养大，在每个对我来说很难度过的夜晚，你们都没有抱怨地陪我一起度过。我长大后，你找回了工作，虽然有时因加班而到午夜才能回到家，你也会轻轻地打开房门，看看我是否已经熟睡，才安心回到自己的房间里休息。

爸爸，你是这个家的依靠，总是为家人的幸福着想。你在我小时候经常出差，所以我很少有时间能见到你的身影。但是我长大了，你却一有时间就来陪我，我知道，你总是想补回我小时候本应该和我在一起度过的快乐时光。但是，你的身上就像多了一块沉重的大石头，我最怕你又像上次一样，倒在地上，被送去医院。自从那时起，你经常说我越来越乖了，像贴心的小棉袄一样。你是我见过的这世界上最温柔的爸爸了，我们就像一对好伙伴一样，有福同享，有难同当。

妈妈，我的天使；爸爸，我的大树。不知不觉间，我长大了，你们变老了，但我们对彼此的爱是永远永远不会改变的。爸爸妈妈我爱你们，永远都会爱着你们。

祝：身体健康！

赵诗棋

2019年3月23日

（指导老师：刘彬）

致二十年后的父母

邓小钰

爸爸妈妈：

你们好！

今天是我第一次给你们写信。我写不出那些华丽的语言，当我提起笔的时候，心中有千言万语却又不知从何说起。爸妈，我很好奇二十年后的我们会有怎样的变化。二十年后，我们也许还会在一起生活，也许我已经实现了我的愿望，成了一名赫赫有名的画家，也许你们已经厌倦了无聊的生活，想去外面的世界看看。

爸妈，感谢你们给了我生命，给了我一双炯炯有神的眼睛，让我能看清这个五彩斑斓的世界。感谢你们用无微不至的爱心抚养我长大。二十年后，你们或许已经老了，记性变得没有以前好，身体也已经大不如前。二十年后，我或许已经成就了一番事业，在外面的世界奔波忙碌，很少回家看望你们。但我可以告诉你们，我不看望你们，并不代表我不爱你们，我是你们的女儿，女儿一定会牵挂自己的父母，女儿也会想你们，每一年，每一个月，每一天，甚至每一秒都会想你们。

二十年后，你们还会记得我来到这个世界的那天吗？我想你们应该还记得吧。2007年3月16日，我诞生了。那是我第一次来到这个美丽的世界。睁开眼睛的时候，出现在我眼前的不是别人，是你们。我叫了一声“啊”的时候，爸爸您赶紧走了上来，抱住了我，激动万分地说：“孩子，我有孩子了！我要当爸爸了。别哭，孩子，你快睁开你的眼睛瞧瞧这个充满温暖的世界吧！”

爸妈，你们还记得我以前特别喜欢听故事吗？每次睡觉前，我都要你们给我讲一个睡前故事才会乖乖睡觉。我依稀还记得你们给我讲的第一个故事就是《三只小猪》。你们总会把故事讲得很好很好，让我印象深刻。你们用那极具感染力的声音，一次次地给我讲故事，哄我入睡。你们给我讲的故事各种各样，有童话，有自编的故事，还有一些历史故事，我想，这也许就是我喜欢看书的原因，如果我以前从没听过你们给我讲的故事，也许长大后我也不会喜欢看书。

二十年后，希望我们一家人还会和以前一样，其乐融融、无忧无虑、自由自在地生活。好了，我也不想太啰唆了。最后，我想告诉你们，无论你们在哪，无论时间过去了多久，我都会好好记住你们的恩情，回报你们，回报这片生我养我的土地！

祝你们身体健康、万事如意！

你们的女儿：邓小钰

2019年3月23日

（指导老师：罗惠丽）

亲爱的爸爸

陈思伊

亲爱的爸爸：

您好！

提起手中重若千斤的笔，怀着矛盾的心情，我写下了这封信，我有许多心里话要向您诉说。

爸爸，您在女儿心目中是一个了不起的人，是我最敬佩的人。人们常说："母爱是伟大的！"这固然是对的，但我觉得父爱也同样伟大。父爱如山，您对我的爱如群山连绵不断，如峻岭高大而巍峨。

爸爸，您常年在外工作，只有过节的时候才回来几天。您知道吗？每当假期结束，您又要坐上离家的列车时，我都不敢去送您。因为我怕控制不住自己流下不舍的泪水，您看了又要为难。

爸爸，年前学校召开家长会，老师提前让我们给家长准备礼物，在开会的时候送给家长，说几句心里话。同学们准备的礼物可丰富啦！玲玲送给爸爸的礼物是剃须刀，希望爸爸越来越年轻；小强送给爸爸一盒口香糖，为了协助爸爸把烟戒掉……

爸爸，尽管我知道那天您不会来，您也不会收到礼物，可我依然准备了。爸爸，您知道我准备的礼物是什么吗？是张照片，是我十二岁生日的时候您搂着我的那张。这张照片我一直放在我的书包里，我想您的时候就拿出来看看，似乎您就在我身边，我就不那么孤单了。虽然这份礼物您可能收不到，但您看这封信的时候，一定能感受到那份永不变的爱。

爸爸，您还记得我读小学时的那段时光吗？那个时候，您几乎每天都在拼命工作，不但回家的时间大大减少，就连电话都没几个，所以那时您的每一通电话都让我欣喜若狂、激动万分。但是电话里工地轰隆隆的机器声掩盖不住您疲惫苍浑的声音，车间里设备嘈杂的声音掩盖不住您嘶哑劳累的嗓音。爸爸，您知道吗？那时您的女儿有多心疼，多伤心！我远在他乡的爸爸，为了一家的生活到处奔波。可您知道吗？比起那些，我更希望我们一家人团团圆圆，没有什么比一家人在一起更幸福的了，不是吗？

爸爸，当您看到这封信的时候，时光已经改变了你我的模样，也带走了我的童年，但永远都不会改变的是我们之间的亲情。爸爸，我永远不会忘记您和妈妈对我的爱，我也永远爱你们！

祝：一切安好！

爱您的女儿：思伊

2019年3月23日

（指导老师：谢秋霞）

致二十年后的父母

冯文博

亲爱的爸爸妈妈：

你们好！

感谢你们这么多年来的陪伴。二十年后，我的童年已被时光偷走，我将会长大成人。你们的脸上留下了岁月的痕迹，但是，你们对我的呵护和关照，我永远不会忘记。你们教会了我说话、走路，和数不胜数的人生道理。爸爸妈妈，你们辛苦了！

爸爸，您还记得吗？那次，您看我很想学骑单车，便买了一辆漂亮的单车给我。您天天只要一有空，就带着我到花园，亲自教我。一开始，我骑得很差，您就耐心地指导我。晶莹的汗珠布满了您的额头，但您满不在乎。一天天过去，我那装着辅助轮的单车，终于卸掉了两个辅助轮，我学会了骑车。我高兴地骑着车，在花园里转圈。您微笑地看着我，两眼快眯成了一条缝。此时，我注意到，您的头发上，又多了几根白丝。

妈妈，您教会了我面对任何事情，都要保持乐观。记得吗？我上幼儿园时，有一次，我上学要迟到了，突然，天上下起了倾盆大雨。我们蹚着水上了车，衣服都弄湿了。刚到车上，您就抱怨天气。我看着您，不敢出声。您心想这会给我带来坏影响，于是静下心来，笑着对我说："今天虽然下雨了，但是，你看！空气多新鲜呀！我们来唱《小雨滴》吧！"说着，我们唱起了《小雨滴》，车上热闹了起来。

爸爸妈妈，你们说，只要我上课听讲、作业质量好，就可以不上补习班、兴趣班。我说到做到，保证了这些，你们就让我随心所欲地安排时间。我平时爱玩积木，看视频，你们从不阻止我。该学习就学习，该放松就放松。你们说："学习就像皮筋，不能扯太紧，也不能松太多。只有好好休息，才能好好学习。"谢谢你们！

爸爸妈妈，感谢你们！我一定不会浪费你们的付出，好好学习，天天向上！我会实现我的理想，好好报答你们！

敬祝：身体健康！

您的儿子：冯文博

2019年3月23日

（指导老师：吴孟琳）

此刻的你们，也许就是未来的我

郑又元

二十年后的爸爸妈妈：

你们好！

给你们写这封信的人，正是2019年你们的儿子。想起来，你们看到这封信时，已经是年过花甲的老人了。时间过得可真快，你们对我的关爱，我真的难以忘怀。

时光正值2019年的春季：春水初生，春林初盛，春风十里；可我现在已无心欣赏这些美景。俗话说："一年之计在于春，一日之计在于晨。"学习负担的增大，加上我现在所面临的小升初的压力，导致我们家中少了许多欢声笑语。难得到了周末，我不是上课外辅导班，就是去参加某某中学的开放日，这使我变得很忙。

我知道你们为了我的成长付出了很多。从我牙牙学语到蹒跚学步，你们都在旁边鼓励着我，给我做引路人。可是现在，你们貌似对我没那么关心了。我问爸爸，爸爸语重心长地告诉我："你现在长大了，不能什么事都依赖我们了，你要锻炼出一颗独立自主的心。"从那时起，我真正理解了你们望子成龙的心。现在，我想跟你们谈谈我儿时的回忆。

记得上小学一二年级的时候，我的成绩在班上毫不突出。一年级刚开学的时候，我的作业连续两次只获得C分的成绩。爸爸告诉我："不用着急，这不就是书写作业吗？你得这个成绩只是因为你的拼音写得不规范。没关系，我教你后你会赶上来的。"爸爸的话给了我极大的鼓舞。

我在班上不是班长，更不是大队委，我只是一个平平常常的学生。有一件事令我印象极为深刻。学校要竞选"最美南粤少年"，每班出一名候选人，我参选了。没想到，我竟然实现了弯道超车，选上了。那两个星期，你们都在帮我准备各种资料，帮我录视频，看着你们疲惫不堪的样子，我真的很心疼。我想让你们休息一下，我自己来弄，可你们却说："我们在这方面很在行，有了我们，你肯定可以选上！"我听了后，也备受感动。

爸爸妈妈，我在你们的呵护下像花朵一样绽放。但我想到，你们看信的时候已经是二十年后了，那时候的你们，饱经风霜的脸上刻满了岁月的皱纹。我那时候也出去工作了，此刻的你们，也许就是未来的我吧。愿你们能够安度晚年，淡泊明志，宁静致远。我也不会辜负你们对我的期望，在阳光下茁壮成长！

祝你们身体健康、万事如意！

永远爱你们的儿子

2019年3月23日

（指导老师：刘旭峰）

大树枯黄了，小树成长了

罗歆怡

亲爱的父母：

你们的身体还好吗？看着你们那乌黑头发渐渐发白，看着皱纹慢慢爬上你们那红通通的脸，我不禁要问：时间怎么过得这么快？

回忆童年，你们是否记得在一次国际拉丁舞比赛上因为一次失误，我被淘汰了。正因如此，我失去了对拉丁舞的钟爱和自信，可妈妈却指着一棵不起眼的小草对我说："宝贝你知道它为什么不倒下吗？因为它顽强，它不会因为风婆婆吹它而倒下，它不正是你要学习的榜样吗？这次国际拉丁舞大赛，你虽然并没赢得冠军，可是你得到了锻炼啊！这次不行还有下次，你不能因为一次小小的比赛而放弃你对拉丁舞的热爱啊！"

听了妈妈对我说的话，我被锁住的心结一下就打开了，我再次站了起来，又开始追逐我对舞蹈的梦想，终于有一次，在国际赛上我得到了梦寐以求的冠军！要不是你们的鼓励我是不会得到冠军的。

是啊！爸爸妈妈，如果没有你们鼓励我，我现在还住在那悲伤痛苦的房子中。我想对你们说："你们就像大树一样，为我遮风挡雨；你们又像太阳一样，给我温暖；你们又像蜡烛，燃烧了自己照亮了我。"

我只想对你们说："你们陪我长大，我陪你们到老！我爱你们，我的父母！"

祝父母身体健康！

女儿：罗歆怡

2019年3月23日

（指导老师：江井娣）

属于我们的明媚春光

陈俞帆

亲爱的爸爸妈妈：

不知你们近来可好，读到这封信时又是怎样的心情？在2019年的春天，哦，对于现在来说是二十年前吧，我写下了这封信。

现在的我，站在一个战场——中考前，心中有矛盾与迷惘，又有不少希望与向往。昨天你们与我谈到未来，希望我去家附近优秀的高中，希望我高中学理——为了我日后有更多工作机遇。但我心中却在纠结，一方面，我理解这样的安排；但另一方面，我又无比向往我梦想的归处，无比希望能在今后有机会更深入地学习我喜爱的文学、我喜爱的诗词。我无比向往千古之前的“昨夜星辰昨夜风”，无比渴望能更深、更多地了解“竹林七贤”的歌声、酒壶中的书影。可有时我又会陷入自我怀疑：坚持我的梦想，能赚到钱，能给你们优越的生活吗？如果说学习文学是我的向往，那么在日后能让你们衣食富足，甚至可以为了自己的兴趣、喜好而自由地生活，是我无比坚定的目标，是支持我不断与人争资源、拼学习的动力之源。我希望我能让爸爸随时买回一套他喜爱的书，希望我的妈妈能够成为一个优雅、端庄，不必为家务所累的贵妇人。我的心中啊，总是充满了烦恼与憧憬。

流光一闪，红了樱桃，绿了芭蕉。我不住地想，现在的我们是怎么样的呢？我想啊，说不定我们一家人仍住在被时间亲吻过的老房子中，但我已经长大，你们可以不必每天披着朝霞出，戴着星光归。我或许成了一名老师，又或许是作家，我会早早起来，煮上一锅白粥，几个地瓜，热一盆白果芋泥（希望爸爸还喜欢吃），为你们留下一顿早餐，然后出去工作，你们可以晚些起床，在家做些你们喜欢的事——看看电视、读读书。我们周末还像以前一样，去附近的植物园闲逛，在门口阿姨的小摊上买上几个小芋头、一碗糖水，作为我们一起看电视的点心。二十年前，我总缠着爸爸陪我一起制作牛轧糖，那香甜的味道氤氲了时光，胜过了暖阳。现在啊，在厨房里，我也可以独当一面，温暖在灶台旁化开，一束阳光捧出了半空中轻盈旋舞的微尘。我围着粉色的围裙，手中不停地忙碌着，爸爸为我打下手烧水，那家常聒噪声音中，卷出一抹慵懒的烟云，流淌，萦绕。妈妈在旁边抱手看着，嘴边带着一抹笑意，空气中的香气，驾着一艘名为“家”的船，穿过时间长河走来，经久不散。阳台上就像妈妈二十年前想的那样，有满架鲜花——属于我们的明媚春光。我们所想，但未能实现的，就将它交给未来。

尽管我在寄宿学校，与你们聚少离多，但我们见面还总有摩擦。哈哈，在今天中午，妈妈才说过我有些消沉、不努力，我也回以一副不耐烦的表情，大概是正值青春与成长，一方面我无比期待追寻李白那样的步伐，反叛地、浪漫地出走或思考，无拘无束，害怕沉溺在家的温暖中；另一方面，我又无比眷恋你们给我的幸福温柔。我的脾气愈发急躁——大多时候只对自己亲近的人。到嘴边的温和关切总突然被火点燃，失去了它的原意，但或许正是你们的爱，才让我这样肆意而为——有这样的勇气。但我又缺少对你们说爱的勇气，那么，就让这信，跨越时光，告诉你们——我爱你们，感激你们。

我为树、为花、为春、为秋，甚至为学校填过词、写过诗，却唯独没为你们写过，现在就让这封信为我传达这一首《如梦令》：

冷月渡云在暮，灯火悄临栖路，少未解秋思，满眼星河回舞。难诉，难诉，鸿雁书笺知故。

它在李清照笔下是少女情怀，于我——是对你们的爱与歉意。被星河迷眼，忘了对你们的歉意，迟到二十年了吧？

此致

敬礼！

你们的女儿：小羽

2019年3月23日

（指导老师：汪倩倩）

致最亲爱的你们

范海瑶

亲爱的爸爸妈妈：

展信佳。

我真没有想到自己会以这样一种方式写下这样的一封信。你们会读到吗？读到时是热泪盈眶还是笑容满面呢？会不会笑话我的年幼无知与多愁善感呢？我都不敢想象。

笔在一旁搁了许久，我感觉要说的话太多，想写又无从下手。其实你们也明白吧，在我现在这个年纪，太倔强太别扭，要说的话总是喜欢用低级的玩笑话一笔带过，几乎没有认认真真地与你们有过一次像样的交谈。也难怪我们一家人都是数学比语文好了，因为我们连对自己最熟悉的人都不懂得如何去表达心声。

母亲，我似乎也是第一次用这样正式的称呼来称呼您。您对我一直很严厉，不论是我的学习抑或是生活，您都不允许我有任何失误。您还记得吗？当时我真是忍不住了，冲您大喊："您这样管着我，到底为了什么？有哪个家长像您这样的！"您出乎意料地没有发怒，只是柔声道："我只是想你成为一个比我更好的人。"当时的我不懂，如今我却懂得了您的苦心。仔细想来，您对自己的要求，也是我望尘莫及的。您是何等的精明、勤俭啊！每次出去购物，您都要求我尽量记下所有买的东西的价格，而每次我们出去购物一买就买四百多块钱的，如此大的记忆量，我每次都记得很辛苦。等到付款后，您便会拿着单子一条一条跟我核对，久而久之，我便想当然地记住某些物品的价格，有时顺口便说了出来，结果您却摇头否定，我看了看购物小票，价格的确是我背出的那个呀，您却坚定不移。后来去服务台查，的确是有优惠特价，是商场小票打错了。我这才意识到，原来您其实也在记价格，但每次都不会说出来，只是自己核对。您这样做，不但提升了我的记忆力，而且令我明白：凡事不可想当然。

您不是传统意义上的慈母，却是我心目中最好的母亲。我就借这封信，表达一下我不曾对您如此敞开过的心吧。

父亲，嗯，相信我们无须多言。您一直是我的超级英雄，任何困难都无法使您退缩，任何问题也难不倒您。我虽天真，却也明白，您也会老去。就像去年秋天，我在您的头上发现了七根白发一样，您也常常拍拍我的头说：“女儿长大啦。”我们之间虽然曾一度因为我弟弟的问题产生过隔阂，但我相信在您读到信的这一刻，我一定在您身边，紧紧地把您拥抱。像那句歌词说的“生活很苦，但你很甜”。您就像阳光，照亮我前进的方向。上次我考试不理想，您拍着我的肩说：“小事情，这不是也没差到哪儿去嘛，但比起老爸当年还差点。”您有一千种方法令我摆脱不开心，我希望在您读到信时，我也能有一千种方法令您无忧无虑。

您肩负了很多，我明白，所以，读到信时，您一定要放松下来，只剩下一个念头：享受当下吧。

现在的你们如何了呢？弟弟的病一定治好了吧，奶奶又出去旅行了吗？收到信时也记得告诉她，她也是我最爱的人呀。我又会在哪里？是坐在你们身边，还是身在异乡？好吧，让我们抛开想象。假设我实实在在地在你们身边，或许身边有一个男生？我们像往常一样，说说家常，唠唠嗑。那么，请一定提醒我说一句：我爱你们。

祝：身体健康、万事顺意！

女儿：小范

2019年3月23日

（指导老师：王纪宇）

爸爸妈妈，我爱你们，一如你们爱我

洪乐滢

亲爱的爸爸妈妈：

看到这张信纸的时候，我内心五味杂陈，有千种复杂的感慨，却又不知如何表达。

当你们看到这封信的时候，已经相隔二十年了吧，经过岁月的浸染，你们早已不再风华正茂，而我也在你们变老的同时长大了。

岁月真的很无情，转眼间我已经初三了，你们也步入了不惑之年。再从柜子中翻出当初我还被你们抱在怀里的照片，你们还是那么年轻，脸上全是灿烂的笑容，怀中的我是那么小，却也笑得那么欢。笑容纯真，岁月静好，真的很温馨，但上了初三以后，有了改变。

初三的我将面临一次人生的选择，压力如一块大石压着我，逼着我要无时无刻不在学习，脑子里全是古文与单词，眼前全是性质与公式，课桌上摆满了复习资料。我变得越来越暴躁，只要你们说一句不顺心的话，我就会“爆炸”，用一切犀利的语言回击。你们或许都理解我，只是一脸失落地走开，那一刻，我是真的错了，对不起，爸爸妈妈。

上了初三，周末不再有空出去玩了，在我长大的同时，你们也老了，再也抱不动我了，一家人各自忙各自的，妈妈与一群阿姨们聊微信，爸爸在玩游戏，而我也自顾自地复习冲刺，家里的温度越来越低，这全是因为我。每次出去玩第一个有意见的是我，吃饭聊每天的新鲜事最不耐烦的是我，每次引起争执的也是我。成绩重要，可我不想失去你们，对不起，爸爸妈妈。

就在今年，家里似乎出了状况，平日里每天都有的汤没了，两荤也变成一荤，两天一次的补汤也成了一星期一次。作为一个肉食主义吃货的我自然不满，每次问你们，你们总是避而不答，渐渐地我也不再追问了，怨念在心中越来越大，在压力的“催化”下，每隔几天总有一次吵架。但有天夜里，上初三后浅睡的我被从隔壁房传来的说话声吵醒了。“再努力节约点吧，看能不能还是两天一次煮补汤给滢滢，初三了，营养得跟得上。”“嗯，我再去看看工作。”我的眼泪忍不住了，溢满眼眶，眨一下眼睛便大豆般滴落，我竭力不发出呜呜声，咬了下手背才清醒一些，很疼，但心更疼，我真的没办法想象你们如何在爸爸面临失业的困难下，每天面对我的冷嘲热讽还坚持对我微笑、给我一个拥抱。对不起，爸爸妈妈。

现在，窗外阳光正好，春暖花开。偶尔吹来一阵风，但我不冷，我身上穿着你们早上硬给我披上的外套。二十年后，我已经出来工作很多年了，或许早已结婚生子，也许生活会很美好，变成我一直期盼的模样，可是，你们却变成自己最不想变成的样子。岁月在你们呵护我安心成长的时候爬上了眉梢，皱纹染开了眼角，对我的无限关心与担忧化作白雪在发丝上晕开。

爸爸妈妈，我很爱你们，但我不善言辞，说不出你们想听的话语，但我会改变，我会用我的行动去爱你们，一如你们爱我一样。

百日誓师会上，在“梦想塔”那十分钟里，我的手臂一度坚持不住，内心一直在挣扎，想要放弃，但妈妈，你的手臂就在我的下面，感受到我的发抖就抬高手臂来撑住我，言语上一直给我喊加油。在班上，我一直是公认的体育健将，八百米赛跑年级里就我跑得最快，身强力壮的我都难以坚持，何况四十多岁的你，不仅自己坚持还要来支撑我？女子本弱，为母则刚，妈妈我爱你。

爸爸，记得那个拥抱吗？你出发去东莞前的一个拥抱，在我得知节俭真相后的第一天，你就走了。那一个拥抱里，我发现，记忆里一直无所不能的爸爸瘦小了很多，以前你的手很大，但现在却要我来牵着你了。父爱无边，高如大山，爸爸，我爱你。

就要中考了，你们一直希望我考一个好一些的高中，我也在努力着，努力变成更好的自己，过更好的生活，能帮你们撑一下这个家，我也想成为你们的骄傲。

二十年后会如何我不知道，但我们一定还是快乐幸福的一家，无所谓金钱，无所谓地位，只是追求着属于一家人平平淡淡的平常日子，平淡却不简单。

有一句话，你陪我长大，我陪你变老。二十年后，我长大成人，依旧是你们的女儿；二十年后，你们变矮变老，依旧是我的父母。我爱你们，这一直都不会变。

你陪我长大，我陪你变老。我承诺着。

祝：幸福健康！

最爱你们的人：洪乐滢

2019年3月23日

（指导老师：熊幸）

我对你们的愿望清单

卢睿韬

亲爱的爸爸妈妈：

身体可还好吗？如果答案是肯定的，那我就敢放心说下去了。

这封信的到来也许会让你们惊讶：儿子什么时候用这么古老的沟通方式了？儿子怎么会有空写信？儿子的字怎么变得这么稚嫩了？……其实呀，这是一封来自2019年的信，儿子我想对你们说几句话。

首先，我由衷地祝贺你们正式退休。你们都是农村出来的孩子，小时候生活很艰难。可是你们没有埋怨，而是奋斗着，努力着，从农村走入城市，买下房子，养育两个小孩，买车子……一步一个脚印地拼搏，整整拼搏了三四十年。现在终于退休，我和弟弟也长大了，你们没有了压力，就好好去走一走、看一看吧。我还记得，你们去过的地方，都不是自个儿去的，不是单位组织就是家庭出行，没有能照着性子尽兴地享受自己所喜欢的。所以，去走走吧，去看看高山大海，去领略风土人情，去放松那紧绷了大半生的弦。我和弟弟会照顾好自己，你们确实辛苦了！

其次，我想感谢你们对我成长的引导。我体育还不错，多亏了你们从小在体育方面对我不肯放松；我的精神世界是充盈的，多亏了你们从小对我在阅读上的鼎力支持。如果要统计我最大的开支，肯定是买书了。成堆的书一批批地寄到家中、学校供我阅读，正是因为有你们的支持。记得有一次学校举办签售会，我当时报不了名，你们从单位刚下班就帮我报了名，我才得以如愿参加。如果我现在事业有所成就的话，真得谢谢你们。你们用“身教”告诉我，“不可能是不可能的事”，如果有目标，就“撸起袖子加油干”吧！没有你们，就没有今天的我。

再者，我想说“成长路上，感谢有你”。我比较好强，做什么都不肯认输。“小升初”“提前中考”真心不容易，可我也挺过来了。为什么？难道是因为我智力好、体力好，能长时间大容量高效率地学习吗？不，是因为你们的陪伴。我是一个耐性差的人，总想着要放弃。可每当这个时候，我发现你们的陪伴就像雪中送炭一般，我就好像得到了力量：我不能让你们陪伴时的辛苦白费；你们都挺过来了，我又怎么不能？就这样，我才有了今天。

说了这么多，也不知道你们是怎么想的。儿子不像别人，不喜欢与你们长谈，一来有挫折不想让你们得知，为我担心；二来感谢的话比较肉麻说不出来。如果你们看的时候情绪是安慰的、激动的，儿子就感到满足。但这远远不够，这只能代表儿子纸面上的孝心，因为三十余年的恩情真的是一张纸、一封信就能代替的吗？不，肯定是不能的。所以您二老不要被我的甜言蜜语“迷惑”哦！

开个玩笑，感谢了这么多，也请您二老为儿子做个见证，就像《伟大的悲剧》里面一样。儿子写这封信的时候，十四岁，可是已经有了自己的人生想法：

1.大学至少读到硕士研究生，在学术上有所发现，在学校里当一名教书育人的老师；

2.坚持练习书法，找空余时间把笛子练回来，在精神上富足；

3.坚持每天阅读，更新自己的认识，做一个有智慧的人；

4.三十岁之内结婚，处理好家庭和工作；

5.尽到养育父母的责任。

这以上五点是我最基本的想法。当你们读到这封信时，我已经三十四岁了，我是否完成以上目标了呢？如果没有，又是为什么没有完成呢？请您二老督促儿子、激励儿子不断向上。如果完成了，也请您二老让孩子再列一个清单，因为没有目标的人是难成大器的！

哎呀，一下子就写了这么多了，因为想要说的太多了！辛苦你们在六十余岁高龄耗费心力来读这封信。时代总是在变，而且越变越快，真难想象你们过的是什么样的生活：有7G网络了吗？人工智能统治人了吗？……这种想象可真让人伤脑筋——古代的人又怎么能想象出手机呢？虽然想象不了，却妨碍不了我的心意。虽然想象不了你们的生活，但不管如何，我相信那是幸福的生活，也相信你们一定健康、幸福、快乐！

祝：身体健康！

爱你们的儿子：卢睿韬

2019年3月23日

（指导老师：郑文富）

我会同你们，永远在一起

陈安琪

亲爱的爸妈：

你们好！

我是安琪，你们的女儿。你们身体近来可还安康？我倒是不希望在健康这方面有任何差错了，健康才好！这是在我十四岁的时候写下的这封信，这封信是写给二十年后的你们的；也就是说，当你们看到这封信时，我已经三十四岁啦。

动笔前，我寻思着写点什么好，几十年的回忆、恩情寥寥几笔是无法写得完的，你们说呢？我想也是，人生这条长河，从始至终会经历很多，流过春，流过夏，流过秋，流过冬，四季轮回。我们生来就是清澈的，只不过在成长路上，难免有污染之物让我们变得浑浊；但我们是清澈的。我们从一个不毛之地流走。流着流着，途中有片叶子飘落，它落在我们身上，它何去何从？但人来到这世上，决非毫无意义，决不会白走这一遭，我们会遇见许多人：陌生人、朋友、恩师、家人。对我而言，你们并不是家人这么简单，你们是我爱的人。

我现在初二，马上就要中考了，我想靠我自己的努力考上心仪的学校：人大附中。这对我来说已经是我目前最大的动力了（当然，你们也是）。即使它遥不可及，我也会努力奔跑、冲刺。看到这里，如果我实现了，就打个电话告诉我吧；如果没有，也打个电话给我，我想听你们再鼓励我一次，我认为这并不过分，因为你们是我爱的人。

妈，您知道吗？其实我真的很爱您，就是这么简单的话，在平时我根本就不好意思开口，小时候还好吧，会偶尔说说，越长大越腼腆，想说出口时就像有东西把我控制住了。但趁现在，趁我还小，趁我还说得出口：我爱您。希望您能感受到。其实我是极度想为自己解释的，我才没有懒惰，只是我在您看不到的地方努力。表面看到的不一定是事实，应追根溯源，如果只注重表面而不深入内心了解，那我只能说您太肤浅啦！我努力虽不是为了感动自己、感动您，但我确实真切地努力着，一切都是真的，请相信我。

爸，您别怪妈说您，您就是一个做事冲动的人，这坏习惯不改，吃的亏可是会越来越大哦。我也不太确定您现在是否改掉了，反正我希望是的。人哪，这一生，慢慢来，不要着急，说不定哪天摔倒，那苦够您吃的了，我可不是吓唬您，千真万确！急于求成是没用的，有时急了，事自然就忘了；慢慢来，保持清晰的思路很重要。如果还没改，请尽快！这会于您有利。

我还有好多话想对你们说，但又不知从何说起，每天一点一滴，积累起来就并非一点一滴，而是大江大河了！他们都说，人与人之间会渐行渐远，我不信。人的心是相连相通的，哪能说断就断，说远就远？简直荒唐！我真不信人渐行渐远，我会同你们永远在一起、不分离，因为爱。

敬祝：身体健康、万事如意！

陈安琪

2019年3月23日

（指导老师：陈琼丽）

致二十年后的父母

梁元媛

二十年后的父母：

见字如面。

岁月不居，时节如流，终会将青丝染为白发。二十年的时光啊，说长不长，说短不短，它会令轻狂和稚嫩销声匿迹，亦会令沧桑和皱纹漫上脸庞。二十年后的你们，身体是否无恙？

然而岁月无声，亲情有痕。纵使斗转星移，想必你们对我的爱不会有丝毫改变。有些故事，有些情愫，现在不好意思同你们讲述，那么就同二十年后的你们倾诉吧。

不曾忘却，那个微风拂过的夏天，在一次学校入学考试中，我取得了超乎意料的好成绩，骄傲与自豪溢满了我的心头。而当我得意扬扬地向你们报喜时，你们并未同我一起欢呼雀跃。

有的，只是淡淡地点头和一句鼓励我再接再厉的话。于是，失望与不满在我心头交织，也是幼稚，竟就这样与你们大吵一架，不欢而散。其实啊，我一直想说一句抱歉，我忘不了当时因为自满导致成绩下降，忘不了你们那伤心的眼神。

同样未曾忘，那个大雨滂沱的夜晚，夜幕低垂，持续的高烧折磨着我，令我翻来覆去，十分痛苦。豆大的雨点噼里啪啦地打在窗棂上，像是歇斯底里的嘲笑。你们当时心疼地看着我，安抚着我。是父亲您忽然站起身来，将我背在身后，又是母亲您一路跟着跑着，为我撑着雨伞。回忆起那幕，是我把头埋入父亲的脖子里，挡住了眼中晶莹的泪光，任雨水和汗水的味道交杂着。其实啊，我一直想说一句谢谢，谢谢你们，我忘不了你们被浸湿的衣裳，忘不了那夜雨中细碎的脚步声。

二十年后的我想必已然成家立业，褪去当年的青涩与稚嫩，以及昔日的年少轻狂。我是否已然实现了为你们买一栋大房子的诺言呢？想来也有些许好笑，当初不满六岁的我比画着日后给你们的美好，并固执地许下诺言。我是否还会令你们生气呢？虽然我不是一个聪明机灵的孩子，也不够乖巧，但请你们尽管提出，我一定会改的，因为我爱你们，我愿意孝顺你们哪！

让我想想看，现在二十年后的你们是否围坐在桌旁，轻声念着女儿二十年前寄来的信，嘴角扬起一抹微笑，感叹着时光的流逝。而我坐在你们身旁，看着当初稚嫩的笔风，笑了出来。

真希望二十年后的我能给你们一个大大的拥抱，然后说：“我爱你们，爸爸妈妈！无论二十年前，还是现在！”

祝：身体健康、一切顺心、万事如意！

你们的女儿：梁元媛

2019年3月23日

（指导老师：金钰）

一直默默地爱着你们

龙俊羽

亲爱的爸爸妈妈：

当你们读到这封信时，想必已是2039年了吧。那时，你们已是六十有余，我也三十好几了。2039年，我也许在世界的某一个角落中为自己的梦想而拼搏着；你们，可能在家中享受着休闲的生活。谁知道呢？时间总是改变了很多东西：年龄、容貌、性格。但过往却是不会变的。

我想2039年的你们，一定很好奇2019年正处于青春期的我吧！2019年，你们总说我对家人太冷漠。可我却想说：我只是不擅表达自己的情感！

爸爸妈妈，你们还记得吗？有次周末，晚上你俩眼睛疼。我在自己的房中听到你俩的对话，立即到药柜上寻找眼药水。

可我发现用完了，我没有向你们声张，而是自己下楼骑车去药店买。一路上，我骑得很快——我希望你们能快点好受一些。我急匆匆地将眼药水买回家，不声不响地放在药柜上，便进房了。我一直听着你们的动静：你们走出房间，去药柜找眼药水。当我听到你们说了一声："啊，舒服多了。"我那颗悬着的心，才放了下来。我正准备做自己的事，才发现刚刚下楼时淋湿了。这导致接下来的一周，我都是拖着鼻涕上学的。但我认为这是值得的——你们的不适很快就消除了。

不知你们有好奇过吗，为什么厕所一直那么干净，而当我去集训时却没了往日的洁净？其实我每天都在打扫洗手间。我每次洗澡都用很长时间，是因为我在清扫，我只是想为你们减轻一些负担。你们没有发觉吗？每次叠衣服时总比洗衣服时少许多。那是因为我帮你们收下来，并叠好了大半。只是我不愿声张。

不知二十年后的我会有着怎样的性格，如若我还似如今这般，不擅表达自己的情感，请原谅我的羞涩，我其实一直都爱着你们！

爸爸妈妈，无论到2039年时我们相距多远，多久未见，请你们记住，你们有一个儿子，他一直爱着你们！

深深爱着你们的儿子：龙俊羽

2019年春

（指导老师：王国祥）

亲爱的爸爸妈妈

陈湘琪

亲爱的爸爸妈妈：

二十年后的你们好呀！

时光躲躲藏藏，岁月无痕无迹。不知不觉，我们已经走过了三十五年的日日夜夜。不知2039年的春天，也和2019年的一样温暖吗？

爸爸妈妈，此时你们应该很惊喜。在2039年的这一天，你们收到了来自2019年的女儿的信，也许你们已经住上了梦寐以求的大别墅，在宽敞的客厅里乐呵呵地读着我的信了吧！

你们的2019年，不知你们是否还记得呢？

2019年的这一天，您的女儿我即将迎来人生中第一个重要的关卡——中考。犹记得那日清风徐徐，杨柳依依。你们在家中为紧张备考的我加油鼓励。而我则坐在桌前，望着距离中考还有一百天的标识，心里紧张得不行。我从小就理科不好，丝毫没有学化学的天赋与能力。只剩一百天的时间，我和你们都在心底暗自紧张。爸爸妈妈，你们都说中考就是一次小考，让我不要紧张，其实我都明白，你们多么希望我考上理想的高中，长大后找份好的工作啊！

你们对我无微不至的关怀，我都记在心底。早晨为我早起煮早餐，还嘱咐我“早餐是一天的支力，要吃好点”的是您——妈妈。刮风下雨，却坚持每天辛苦上班、赚钱养家的是您——爸爸。每天你们都和我一起备战中考，和我一同进步，作为女儿的我，心底有数不尽的感激和感动，虽心底有千言万语，但终化成一句话：我爱你们！

二十岁的我，应该已考上大学了。二十五岁的我，应该已找到工作，甚至已经有了家庭。不知三十五岁的我，是否已经事业有成、家庭美满了？你们是否已经尽享天伦之乐，儿孙满堂了？

如果回答是的话，那么2019年的我十分高兴。我们一家人还能圆圆满满，合家欢乐！不知你们是否还记得，2019年的我说长大之后，会带你们环游世界，我们一起走过祖国的大好河山，看那百花齐放，听那泉水叮咚，赏那落日余晖，观那山光水色。2039年的我们，应该已经走过那魔都上海，踏遍春城昆明了吧。我们一起尝遍生活的酸甜苦辣，看那庭前花开花落。

流年氤氲了那年的栀子花，2019年的我还在努力，给2039年的我们创造更好的生活。我愿那个英俊可爱的爸爸，那个温婉如花的妈妈，二十年后能像2019年一样可爱，一样美丽。

愿我们无论何时，都互相爱着对方。

愿2039年的生活比2019年更美好。愿“当时明月在，曾照彩云归”。

愿2019年的我中考顺利。愿2039年的我们都身体健康、心想事成。

不知不觉，已经写这么多了。窗外鸟声喧哗，树木那茂盛的绿叶给它遮蔽未褪寒气的春风。你们就像那棵大树一般，给我遮风挡雨，而我也会像那小鸟一般，二十年后报以最美妙的歌声。

祝：身体健康、心想事成！

2019年的女儿湘琪

2019年3月23日

（指导老师：郑结铭）

四个人的全家福

李芸

亲爱的爸爸妈妈：

你们好！

时针指向了10，现在你们正准备洗漱休息吧？此时的我坐在教室里，桌面上放着十年前我们的全家福，我不禁又想起了你们，便提笔写下了这封信。

爸爸妈妈，你们知道我有多想家吗？还记得第一周住宿时，你们俩争着开车送我，最后你们俩都来了。从未参与过宿舍生活的我，心里忐忑不安，我害怕与朋友难打交道，害怕离开你们的呵护后难以自立。那天的车开得尤其慢，路上的风景也不如以前的美丽。校门口前停放着众多车辆，你们催促我下车，嘴里也叨叨着让我注意安全，最后还没来得及道别你们就驱车走了。你们可曾知道，那一刻的我，是多舍不得你们。晚上，我攥着手机趴在窗边，想给你们打电话，可回想你们毫不犹豫地离开，我又不太愿意联系你们。可你们就像我肚中的蛔虫，这时我的手机响了。我在电话里埋怨你们，你们只说了一句：“其实我们也不舍得你。”我的泪水已湿润了眼眶，是我误会了你们，那份愧疚已藏入心中。

最让我记忆犹新的还是弟弟的出生。那次我放学，你们一起来接我，可你们说话扭扭捏捏，好像有什么心事。爸爸你问我想不想要弟弟妹妹时，其实我已知道妈妈怀孕了。那段时间的妈妈总是没胃口吃饭，还常在厕所干呕，你们骗我说妈妈不舒服，但年幼的我早已识破。你们是害怕我不喜欢弟弟吗？其实也曾有过。弟弟快出生时，你们的关注总会放在弟弟身上，看着你们忙于购买婴儿用品，我心里一直在害怕：你们会不会不要我了？弟弟出生后，家里忙前忙后，但我发现，我上学前你们对我的嘱咐、睡前的热牛奶以及放学后的谈话并没有改变。我感受到了你们的一视同仁，并与你们一起照顾弟弟，家里的幸福时光便是我最开心的事。

爸爸妈妈，今年我十六岁了，你们也已四十岁。二十年后的我们，会是怎样的呢？那时候，我已结婚生子，你们已退休。二十年后，我们家一定还是幸福的，我那时必定学会了做饭烧菜，在工作之余也会想起你们，你们也会打来电话，让我常回家看看吧？家里的主厨变成了我，那么挑食的爸爸肯定会数落我做饭不如妈妈香，妈妈则会与爸爸顶嘴，然后毫无保留地夸奖我。爸爸啊，你知道吗？妈妈平日里为我们煮饭，也很辛苦。现在的我住在学校，与你们一起相处的时间少之又少，请你们互相照顾一下，等我回来和你们一起分享生活，好吗？

今年的我处于青春期，你们正处于中年期，二十年后，我便成了中年人的一分子。青春期的我做事鲁莽，总爱与你们拌嘴。亲爱的爸爸妈妈，其实我也有很多话想对你们说：每次与你们吵闹后，忏悔的我不敢拉下面子向你们道歉，对不起。每次你们给我送汤到学校时，我心里很感动，却没能当面说一次谢谢你们。每次你们说我长大了懂事了时，我会沾沾自喜，但青涩的我从未对你们说过，爸爸妈妈，我爱你们。

下课铃响了，我收起了十年前的全家福。爸爸妈妈，我这个星期要拉你们去拍新的全家福，因为有弟弟的全家福才是真正的全家福。这封信我依旧没有胆量亲手交到你们手中，现在的我还很羞怯，不敢向你们表达真正的情感，二十年后，我们一起看着四个人的全家福，一边吃着我煮的菜，一同分享这封信，好吗？

此致

敬礼！

你们的女儿芸芸

2019年3月23日

（指导老师：胡桂芳）

致二十年后的父母

刘天雅

爸妈：

展信佳。

昨日我读了一篇名为《与母亲和解，与自己和解》的文章，讲述了作者与母亲日久而生的矛盾和他因“别人母亲”而对自己母亲产生理解，终于在不惑之年与母亲达成和解的故事。与文章作者经历的轰轰烈烈的和解过程不同，青春期的我，与你们相处得还算融洽。

是什么致使我们的关系从剑拔弩张到其乐融融？也许是上初中的我稳重了，也许是年近半百的你们平和了。抑或是，这时的我们学会了报喜不报忧。

你们一定记得初中时的我有多忙碌，正如我一定记得你们的忙碌。一周的大多数时间我在学校，而你们沉浸在工作中，所以我们每周相处时间很短。也正因如此，我们都选择性地交流，说有意思的乐事、无伤大雅的烦心事，却绝口不提真正让自己难过的、焦虑的或是愤怒的事。

2019年的春天，在梅雨蒙蒙、新芽萌发的日子里，我的心情时好时坏，总向你们发牢骚、求安慰。我说阴晴不定的天气让人心烦，说体育课的辛苦，也说学习的压力，说一颗又一颗红肿的痘痘……可我从未当面提及在学校时隐时现的孤独，提及对他人可以提前中考的羡慕——因为它们太让我手足无措了，我不想把这些缥缈的情绪带回家中。

也不只是我吧，2019年那个乍暖还寒的春天，也隐藏着你们的忧愁。妈妈的白发不间断地冒，周末也手机不离手。我猜想家里经济状况不大好，妈却笑着叫我别担心。你们说股票谈基金，眉目间含着笑意，可我却觉得你们的笑很疲惫，像夜晚公交车司机的笑。这年生日前我小心提出想买拍立得的想法，这是一种像素不高、价格却不低的相机，我心仪它很久。我还记得妈妈的反应，她那时开着车，整个人定了一下，待听到价格后爆发剧烈的大笑，用比平时更大的声音说："八百块？我还以为几万呢。"我不记得那时自己的反应，只觉得那瞬间从鼻腔冲上大脑的酸，几乎激得眼泪往下掉。

爸妈，你们从未缺过我什么，却不愿将一分难过分给我承担。爸叫我“闺闺”，妈唤我“宝贝”，你们宠我，给予我快乐的童年。我想，逐渐长大的自己，也许可以分担一些你们的忧和愁，而不是活在蜜罐里。

当你们收到信的时候，可以告诉那个未来的我吗？也许她现在很忙很忙，也许她是科学家、教师或是公务员，但都请告诉她：你长大了，请一定回头看看，你的父母老了。

如果妈妈的菜地梦实现了，就请寄给她一些种子吧，让她种下它们，像过去父母对待我一样对待它们。

祝：一切安好！

女儿：刘天雅

写于2019年初春

（指导老师：黄佳敏）

谢谢你们相信我

陈文羿

亲爱的老爸老妈：

在你们看到这封信的时候，也许我已经成年，找到了工作，因为这封信，是二十年前你们的宝贝女儿写给你们的！虽然我不知道二十年后，我会变成什么样的人，可能是技术人才，也有可能是为人打工，可不管怎么样，我要感谢你们对我的养育和教导。

从小，你们就把我照顾得无微不至，让我穿得好、住得暖、吃得饱，就像童话里的世界一般，但是，有人就会说："你这么宠溺她，她以后可吃不了什么苦。"你们也总对这些话不以为意，因为你们知道，你们对我的爱，不仅仅只是宠溺，还有细心的教育和指导。

我小时候经常犯错，别人都会说：“打他，以后就不会这样了。”或者是“棍棒之下才能出孝子”。但你们从来都不认为这些话是对的，倘若我真的犯了什么错，你们也只会和我讲道理，告诉我这件事的严重性和这样做是对的还是错的，你们会告诉我：“做错了事情，一定不要害怕承认错误，只要勇于承担责任，就是一个诚实的人。”这句话，就这样一直深深地印在了我的脑海里，直到现在。

你们十分信任我，特别是老爸，也会鼓励我什么都要勇敢尝试，你们总是说，只有尽自己最大的努力尝试过了，才会知道其中的奥秘。但是对于你们的信任，我却做了一件让自己十分后悔，也让你们十分心疼的事情，我撒谎骗了你们，也骗了所有相信我的人，因为自己考得太差了，又害怕被你们知道，所以就拿了同学的试卷。后来，你们知道了这件事，本想着你们应该会把我大骂一通，而我也知道“纸是包不住火的！”可是我怎么也没有想到，你们不仅没有来质问和责骂我，而是告诉我，要敢于承认自己犯下的错误，要知错，才能改正。在我的心里，你们是那么慈祥、那么宽容，又那么细心地指导我，让我一步步走向成熟。

爸爸妈妈，你们在我无助时给我鼓励和支持，在我痛苦时给我关心和温暖，为我遮风挡雨，而我们都知道，在我长大的时候，你们也不能一直当我的“保护伞”，你们会让我体会生活中的困难，让我学会克服、学会独立，让我从一个无知的小屁孩变成一个成熟的人。让我和你们一样，永远以笑容面对生活！

虽然我并不知道将来的我会是什么样的人，但是我一定会让自己变成你们希望看到的样子，你们说过，无论我变成什么样子，都是你们最爱的女儿，也是你们的教导让我懂得了这个世界的艰辛和美好。人生总是有苦有笑，有辛酸的泪水，也有生活的快乐，我会珍惜和你们在一起的每一天，成为一个真正优秀、上进、独立的人，我会永远铭记你们的话。愿所有幸福快乐环绕在你们身边。

祝你们身体健康、幸福安康。

你们的女儿：陈文羿

2019年3月23日

（指导老师：彭翠丽）

致二十年后父母的一封信

易佳妮

亲爱的二十年后的爸爸妈妈：

见信好！不知不觉中，岁月开始悄悄地流逝，等你们看到这封信时，想必已经成了一对恩恩爱爱、六旬左右的老夫妻了吧！记得小时候，牵着你们的手去逛街，我是多么欢乐呀！我多想让岁月的车轮停下，让你们不再变老，可是岁月不会因此而停下脚步的。今天我想借写信的方式，将你们对我的关心和培养，为家庭的奉献与我的感恩之情传达给你们。

二十年前，正好停在我六年级的时光里，我对未来充满了美好的憧憬，我心中有一个豪志：我想当医生！在我小时候，我目睹了爷爷治病的过程，我紧张，我焦虑，我害怕！我怕从此再也得不到爷爷的宠爱。这时，母亲您对我说：“佳妮，以后你想当什么？”“当医生！”从此，这懵懂又坚韧发芽的种子撒在了我心里。我现在希望，等我长大后，当一个白衣天使，我希望父母在世时永远像现在一样幸福快乐地生活。我想象着未来：你们老了，由我照顾，一家子其乐融融地坐在餐椅上，尝着我为你们做的美食；你们吃到我做的饭菜，脸上不再是焦虑憔悴的，而是愉悦与幸福的；将来家里不再是母亲您下厨煮饭，而是作为您最爱的女儿我为您操劳一切。我感谢现在你们对我的指导与关爱，将来，我一定会加倍把关爱传达给你们，让你们每天都快乐！

我想象着二十年后，你们头发变白了，可你们也是孩子，只不过是有了孩子的孩子，作为大一辈的孩子，你们应该要“退休”了，将来的家庭由我操劳。或许未来的时间赶不上我的计划，也赶不上未来的变化，可我就是想照顾你们！不管时间匆不匆忙，工作安排得满不满，我也只想当你们的孩子，当你们的棉袄。未来的我成了一名优秀的医生，我会带你们去你们曾经的小学、你们的家乡，如果途中你们感冒受伤了，我会像父母照顾“孩子”一般，让你们回忆起从前快乐的时光，安心休息的时候，我会让你们体验一切。

将来，去拜年了，不再是你们领着我去串门，是已经长大的我，牵着你们温暖、满是皱纹的手去串门；去逛街，我会给你们买条红色中掺着绿色的围巾，你们或许已经忘了，小时候就是你们硬塞这条围巾给我戴，现在乍眼一看，满是回忆；吃饭的时候，我一定要将桌子上的红酒换成椰汁，让你们也尝尝我小时候的味道。

我总幻想着那样的场景：将来的我，不会只给钱，不会只工作，不会只在意自己的事，而是会当你们余生的“母亲”，在你们睡觉时帮你们盖好被子，偷偷地把你们的衣服与物品整理好……我想，在我这个“母亲”的呵护下，你们或许不会像别的鲜花那般艳丽，可你们的茎与根一定会很茁壮，笑容也一定会无比甜蜜。余生平平淡淡就好。

我深知，时光会给你们抹上皱纹，会悄悄带走我的童年，可是，它带不走你们对我的爱与关怀，还有我对你们的爱，我会给予你们无声又甜蜜的爱，就像小时候你们对我一样……

祝你们身体健康，每天开心快乐！

你们的女儿：佳妮

2019年3月23日

（指导老师：陈智清）

致二十年后的父母

王澜烨

亲爱的爸妈：

你们好！

又是一年花好月圆时，又是一年回忆长相思。

时隔一年，再次提笔与你们书信。今年已经是2039年了，信息技术快速发展，我本可以用穿梭机来到你们面前，来同你们一起欢祝相遇之时。但我选择了书信。一封信，几张纸，几百字，在这机械化时代，浓墨书香总显得充满了浓浓深情。

妈，我要告诉您，我终于成了一名律师。儿时的梦想，终于汇聚成耀眼的星星，闪闪发光。惩恶扬善，帮助他人，是我最大的愿望。请原谅我每天与案件、数字打交道而忽略了您。当我看到一件件案件成功告破，看到当事人的笑脸，我是多么满足、多么欣慰。我恍然意识到，当年您就是这么深情地看着我的。小时候，还没有飞车，您和我只能步行上学。我还记得您牵着小小的我行走在大街小巷中。您总是送我到校门口，与我挥手告别，您总是这样，直到看见我进教室后才离去。这么多年，我早已养成了一步三回头的习惯，因为我期待，每一次回头，您总在那个位置，用您那似星空般的双眼，目送我离去。逐渐地，在我眼中，您好像变小了，变得越来越小，不能再像以前那样帮我遮风挡雨。告诉您一个小秘密，当时我还以为您吃了《爱丽丝梦游仙境》里的缩小药。多年后，我才知道，不是您变小了，是我长大了。

爸，光头大叔。我当年总喜欢这么叫您，虽有些好笑，但您总会微笑地点点头回答我。您是一位敬业、专业的医生。当年的医疗水平没有现在高，您定要每天去探访病人、慰问病人。您每天披着一身白大褂，行走在医院中。一身白衣、一支黑笔、一本笔记，是您的标配，您用您的医术救助了大大小小的病人。而我，虽不是医生，但同样用着我的微薄之力去拯救他人。现在想来，这么充满英雄气概的我，是遗传了您的风范吧。我还清晰地记得，您总认为您的白大褂不好看，于是便在衬衫上做文章。当时您为了寻找一件适合您的衬衫，奔跑在各大商店。终于有一天，您找到了那一件合适的衬衫。我到现在还记得您换好衣服时那个神采奕奕的表情。我当时年纪小，不懂事，硬要看看您那件价值“百万”的衬衫。我看到后惊呆了。那只是一件朴素的衬衫，没有纵横交错的花纹，没有绚丽的色彩，只是一件衬衫。但当您将衬衫内衬展示给我看时，我一下就恍然大悟，在内衬上，有着一个我既熟悉又陌生的图案，您应该还记得吧——那是我的姓名简拼！

就这样，您将我的姓名缝在了您的衣服上，原来您要的不是精美的衣服，而是有我姓名的标志啊！也许，这件事，您早已忘记，但是我却将您和妈妈的名字也缝在了我的衣服上。一边一个，用情至深。

不单单这些，我们还经历过种种。

在2039年的今天，穿梭机虽能快速将我传送过来，但却无法将深情一并传递过来；Face to Face通话，虽能听见彼此声音，但比不上一笔一画书写的彼此心声；飞车虽能让我安全到达公司上班，但不及妈您在门口一点一滴的守护；4D打印，虽能将我的名字飞速展现在你们眼前，却没有爸衣服上那个名字耀眼……

妈，其实我们一直在重复着“回首、凝望和转身”这三个动作，我忽然想起几十年前龙应台女士的那句话：“你与他的缘分就是今生今世不断地在目送他的背影渐行渐远。……而且，他用背影默默告诉你，不必追。”妈，我答应你，下一个转角，我不再转身，而是静静地，只是静静地凝望着您那似星空般深邃的双眼。

光头大叔，我也传承了您的精神。小时候，您给我普及的小知识帮助了我在律师界拯救他人。您虽太忙，不时常回家，但您也在我的梦想之路上帮助我前进。

最后，写到这还意犹未尽，爸爸妈妈，希望我们在彼此的目送中、在梦想的道路上不留遗憾。

祝：身体健康、天天开心！

你们的女儿：王澜烨

（指导老师：陈铿）

爸爸妈妈，我想你们了

邝凯阳

亲爱的爸爸妈妈：

你们好。

时间在不知不觉间竟已溜走了二十年，你们还好吗？今年你们的女儿也已经三十六岁了，原谅我工作忙无法陪伴在你们的身旁，不过你们不用担心，我过得滋润而多彩！

爸爸，你身体如何了，还在熬夜吗？你不会半夜还在看电影了吧？爸爸，你知道吗？小时候我半夜起夜的时候总看到客厅里的灯亮着，你几点钟睡觉、熬夜都在干什么我可都一清二楚！但我知道，我每天早上上学水壶里的水是你半夜装的，我们一家人的衣服是你半夜洗的，你还总爱半夜在客厅里拖地。爸爸，你还记得吗？有一次我做作业到十一点多，到客厅喝杯水，却被你拉着看了一部喜剧电影，我俩当时笑得眼泪都出来了。直到一点多钟，我和你终于把我妈吵醒了，她数落了我几句，却把你训得怯怯懦懦的。我知道，你不还嘴是因为爱我妈，你也总喜欢和她开玩笑，令她笑得上气不接下气的。不过爸爸，你爱我妈就多陪她，她每天晚上睡觉的时候身边只有凉凉的空气，偌大的房间只有一个人的鼻息声，真的很孤独。爸，我认为你爱我妈应该从小事开始表现，现在开始也不迟哦！

“妈咪！”每当你一回家我就喜欢扯开嗓子喊两句，让你知道你的宝贝女儿在家候着你。妈妈，你还在保养头发吗？我想你那一头干净利落、乌黑亮丽的短发了。每次在你看手机的时候，我喜欢揉你的头发，揉乱后又给你梳整齐。妈妈，你还记得吗？有一次我放学之后等你接我回家的时候，我脱了件毛衣，和同学在下着细雨的傍晚玩耍。那一次你很凶地批评了我，而我委屈地哭了，当时我心里特别愤愤不平地想：我又不觉得冷，穿不穿衣服和你有什么关系！现在我才知道，褪去一件毛衣，真的很冷。妈妈，我初中的时候喜欢和你谈心，说一下我对同学的看法，也说一下我对某男同学的好感，你不会批评我，你会鼓励我将这种小小的情绪变成动力好好学习。你也总喜欢和我说一些你工作上的事，你会教我一些我完全不了解的知识。可是你却没有兴趣爱好，所以我决定给你报个老年大学，妈妈，准备好哦！

爸爸妈妈，我想你们了。想你们在我身边时，我可以任性、放肆、撒娇以及什么家务活都不用干，所以你们准备好接住你们的大宝贝哦！你们也不用担心，我学会了好几道菜，让你们尝尝我的手艺！你们只需等待我的拥抱即可！我会很快忙完工作就回去的，一定要热烈欢迎我哦！而且一定一定要使用我们家的专属暗号！对了，你们的孙女也要回去呢！我女儿很漂亮、可爱！你们一定会喜欢上她的，期待你们的绝世小公主带着她的豌豆公主回去吧！

爸爸妈妈，希望你们允许我能继续用这么幼稚又任性的语言和你们说话！时间很快，一眨眼我从一个面临中考的小孩变成一个大人。爸爸，希望你依旧有一头乌黑的头发！妈妈，希望美丽的花儿仍旧开在你的盈盈笑靥上。

松间细雨陪伴我的是你们，烛台旁陪伴我的是你们，摔倒号哭时陪伴我的依旧是你们。爸爸妈妈，我爱你们！我会一直爱着你们，直到年轮成谜，直到宇宙停止呼吸，我依旧会爱着你们，因为我是你们的女儿！

此敬

愿：多喜乐、长安宁！

邝凯阳

2019年3月23日

（指导老师：邓竞艳）

亲爱的爸爸妈妈

朱帅妍

亲爱的爸爸妈妈：

你们好吗？

我总认为时光很长，可以肆意挥霍；不料光阴似箭，日月如梭，转眼间已经逝去了二十个年头。不知现在的你们是否安好？是否依旧为我操碎了心？

爸爸，您那辆引人瞩目的电单车还驰骋在绿荫的小道上吗？记得小学六年的时光，都是您骑着它风雨无阻地载我来往。记忆中有一次我坐在后座上向您抱怨从未踏出国门，您也只是付之一笑，浅浅地笑道："我都三十好几了，也没出过国呢！"我顿时心情沉重。您为了这个家，的确放弃了太多；如今就连您的年龄，我都要掰着手指头才算得出——您已经三十九岁了！

当初您接到一份通知，说您获得了出国学习深造的机会，那年我才三岁。妈妈是个女强人，生下我便投身于工作之中，您为了妈妈，也为了我，选择放弃了这个难得的机遇。从此，您每天过着平凡甚至平庸的生活……

我从前其实并不理解您的选择。您每天早出晚归，工资却抵不上妈妈的一单人生意；在外面我总能听到“他就是吃软饭的”“他配不上她”这样的声音，我内心愤愤不平，可现实好似的确是妈妈比您优秀！

如今我明白，我眼中的平凡，是您舍弃前途、成全妈妈所换来的一隅安宁。如果您选择了出国，那我将是一个缺少父爱的孩子。您生于平凡，甘于平凡，或将归于平凡；但您的平凡，虽败犹荣！

妈妈，您在儿时的我眼里，就是一个工作狂。您没有假期，“忙碌”是您生活的代言词；我甚至一度认为您爱工作胜于爱我，所以我待您也比待爸爸更疏远。

您是个事业成功的女人，每每您带我参加各种聚会，都会有人说：“这是你的女儿啊，难怪这么优秀！”好像我一切的成就都被加在您的身上。可是我不想要这样的光环束缚着我，我想要挣脱您，想要有一天变成“这是你的妈妈啊！”我为此不断努力。

但当有一天我清晰地看见您头上的白发后，我犹豫了。我只顾着做出一番成绩，只顾着追求所谓的远方时，却忘记了时间正悄悄改变着您的模样。在这个还不知远方为何物便一心渴望远方的年纪，我第一次驻足好好看看您。您的眼眸间仿佛如星星般明亮，那样透彻。

希望二十年的光阴还不算太迟，希望我与您不会上演“树欲静而风不止，子欲养而亲不待”的悲剧。您的拼搏，终究是为了我，您的爱是无声的付出。

爸爸妈妈，我无比庆幸能成为您二位的女儿，您二位给予我无微不至的父爱和无声付出的母爱。我相信，少了任何一份爱都不足以成就今天的我，爸爸，感谢您的甘于平凡和任劳任怨；妈妈，感谢您的默默付出和与众不同。

我很少给您二位写信，很多平日里难以启齿的言语都写在了这封信里，感谢您二位的付出，光辉了我的成长之路！

我爱您，爸爸！我爱您，妈妈！

愿二位身体安康、万事顺意。

女儿：朱帅妍

2019年3月23日

（指导老师：何江洋）

给弟弟的信

王小唐

亲爱的康宝：

新年好！这是我写给你的第一封信。虽然你还不识字，但我还是想写给你。两年前，当妈妈怀孕时，我别提有多高兴了。看着妈妈日益变大的肚子，我小小的内心充满了激动，期盼着你快快出生。我憧憬着，我将有一个可爱的弟弟或妹妹，我们一起快乐成长，从此我们的生活将会增添更多的欢声笑语。

终于盼到了你出生的日子，那天半夜三更时，妈妈被送到了医院，外婆、爸爸都焦急地候在产房外。我在紧张又激动中度过了一天，好不容易熬到放学，我赶紧给妈妈打电话。我满怀期待又忐忑不安地向妈妈询问你的情况。当知道你是个可爱的弟弟时，我抑制不住兴奋与激动，“耶——”我一边开心地叫道一边一蹦三尺高。

记得我们第一次见面是在月子中心的电梯里，当时你被外婆紧紧地搂在怀里，像是个珍贵的宝贝似的。我一看，既高兴又惊讶，你的眼睛很小，不仔细看还看不到，皮肤也皱巴巴的，还黄黄的，你可真丑呀！我有点儿小小的失落。当我抱着你时，你哇哇哭起来，似乎是我把你弄疼了。我忽然发现，我只要抱着你，一点儿都不无聊了！

几个月后，你变得越来越可爱了，小脸蛋白里透红，每天放学回家迎接我的都是你灿烂的笑脸。转眼间，你已经一岁多了，你长高了许多，不仅学会了走路还到处乱爬，一会就爬到沙发上、茶几上。我的房间是你的乐园，拆我的玩具、扔我的书本、玩我的古筝是你最喜欢的游戏，你越来越调皮，捣乱之后还对着我笑嘻嘻的。我开始讨厌你，不再觉得你可爱了。那段时间里，我经常对你大吼大叫，每次你都被我吓哭了，看着你可怜巴巴的样子，我心中不免有点内疚。

前几天，爸爸下班带回来一个小猪玩偶，你抱着那个比你还大的小猪开心地走来走去。我也很喜欢这个小猪，便对爸爸说我也想要一个，你似乎听懂了，跑到我身边，艰难地把小猪举起来递到我手里。望着你黑宝石似的眼睛，我突然为自己以前的行为感到羞愧，你这么小都懂得好东西和姐姐一起分享，我却因为你的一点小调皮就跟你发脾气。对不起，康宝！以后我会做个好姐姐，陪你一起成长！

祝新年快乐！快乐长大！

爱你的姐姐：小唐

2019年2月5日

（指导老师：刘永新）

致二十年后的父母

谢颂凯

亲爱的爸爸妈妈：

你们好！

2039年的你们，可好？2039年的春，可如今年那般温暖？

首先，我要向你们说一句“对不起”。小时候不懂事，整天闯祸，不是砸了这家的玻璃，就是打了那家的小孩。渐渐长大，我又不爱学习，你们在结束了一天劳累的工作后，还要把我捉住，放在书桌前，寸步不离地看守着我，生怕一不留神，我就飞到别处去了。

我永远不会忘记那个阴雨连绵的午后。

黑压压的乌云遮盖了整个天空，倾盆的雨如一根根鞭子，狠狠地抽打着大地，那哗哗声，好似大地的悲鸣。我远远地望着你们从雨中跑来，不顾一切，雨水打湿了你们单薄的衣，狼狈不堪。我却噗的一声笑了出来——你们是又被老师“请”到学校里来的。那段时间，我一心在游戏上，荒废了学业，连作业也是胡乱写几笔，应付一下老师。老师更是大发雷霆，你们成了学校的常客，以至于跟保安大叔都熟络了。不同于以往，这次我悄悄地躲在一个角落里，看着你们和老师谈话。

老师说：“这样下去不行啊，要不让他休学几天，你们好好管教一下。”“别啊！”你们回答，“再给他一次机会吧。老师，我们求求你。”话音刚落，你们向老师深深地鞠了一躬。我才发现，你们已不再年轻，有些青丝已成白发，且越来越多。那一刹那，我的心里很不是滋味。在我以前的记忆中，你们的脊梁永远不会弯曲，但为了我，你们已经不知多少次向别人道歉认错，点头哈腰了。“孩子他本性不坏，我们相信他一定会做好的。”你们一改先前的卑微，自信满满地向老师保证，在你们心中，我永远是你们的骄傲。

回到家后，你们既没有打也没有骂，只是默默地看着我的课本，逐字逐句钻研着，就是为了帮我补上落下的学业，那书房的灯光，深夜依旧亮着……

我的泪水如断了线的珠子不住地流，从那以后，我开始刻苦学习，以一次次优异的成绩，回报你们的恩情。

谢谢你们，在我误入歧途之时，以身作则，让我及时回头；

谢谢你们，对我一如既往地信任与支持，让我前进的脚步充满力量……

二十年后的你们应该也五十多岁了，也是应该养鸟种花、跳舞下棋的年纪了。但是我想你们应该不会，你们常说：“人是不能闲下来的。”也许二十年后，我还能看到你们在工地上劳碌的身影，还能看到那个永远“年轻”的你们。

二十年后的我应该也步入社会了，有了自己的工作，每天都为生活奔波着，体会着你们当初的辛苦，但是不管怎样，我永远也不会忘了你们，是时候让我来回报你们那无价的爱了。

希望未来会越来越好！

祝：身体健康、万事如意！

你们的儿子：谢颂凯

2019年3月23日

（指导老师：卢婷）

致二十年后的父母

陈湘婷

二十年后的父母：

你们好！

从前的打闹，无声的爱；幼稚的语气，温暖的语言。二十年后，我已经三十三岁了，应该也成了家。而你们都五十多了。原本脸上的光泽都随时间而消失，换来的，是一条又一条的皱纹。

现在正年少的我，还不能深切地体会到当父母的感受，是幸福吗？还是烦恼？现在的我都无从知道，不过我想二十年后应该就知道了。不知二十年后的我和你们还记不记得二十年前那些所谓的琐事？

不知妈妈是否还记得，还是我刚上初一不久，一个周末的晚上，我咳嗽了几声，便迷迷糊糊地睡着了。等到了第二天早晨，您对我说："你昨天咳嗽啦？"我想您也知道，我那时不喜欢和别人说话，并且讨厌听一些肉麻的话，我听到这句问候，心里还是有点感动，可嘴上却不屑地说："哦？我昨晚还咳嗽啦？"您听了，把眼珠子睁得大大的："咳得可厉害了！你不知道吗？真是的，在学校也不多喝一点水，还喝冷水，瞧，这是不是感冒啦！"我没回答。直到我跟您一起去市场时，您又对我说起了这件事，我觉得烦了，便走开了。二十年后的我，可能对这件事有点后悔吧！也许，等到做母亲时，才能清楚这是一种什么样的滋味。二十年后的妈妈，您过得好吗？有没有练出八块腹肌呀？还记得那天晚上，您掀起衣服，让我瞧您那两块腹肌，当时，您还得意地对我和妹妹说："厉害吧？"从那一刻起，我才知道您有多努力、多执着。也就是那天晚上，我也决定要练出腹肌来，并给自己制定了一个时间表，要求妈妈早上六点叫我起来，您当时开玩笑说："叫不起来，打一顿就起来了。"在我的印象中，您好像都在开玩笑地和我说话。"妈妈。""干吗？""没干什么。""妈妈。""干吗？""没干什么""欠揍？""不要！""吊着打一顿怎么样？""那还是算了吧！"二十年后的妈妈头发白了，脸也不再像现在那样光滑了。可能……可能您也不会再说我脸黑了。希望二十年后的妈妈能永葆青春，健康幸福！

爸爸，在我的记忆中，您总是比妈妈还会开玩笑，但凶起来跟恶魔没什么两样。这也是我很怕您的原因。还记得我上六年级的时候，您下班回来总会问我：“大女儿，要不要一起打游戏？不要被妈妈发现哦！知道吗？”我特别珍惜那段时间，不是因为游戏，总之，我感觉特别温暖、特别幸福。在我上幼儿园时，爸爸在忙；小学时，爸爸在忙；初中时，爸爸也在忙。二十年后的爸爸，我想没那么忙了吧！因为您那时都六十多岁了，该退休了……希望二十年后的爸爸身体健康。

这封信，是写给二十年后的父母的，但我有些话很想对现在以及二十年后的妹妹说：妹妹，你现在是读一年级，而我却在读初一；我们相差了五岁，但这几年我们都在吵架，有假吵，也有真吵。也许，到了二十年后，我们就不会再像现在那么吵了吧！因为那时，我跟妈妈差不多大，而你，我的妹妹，二十七岁了。希望二十年后的妹妹工作顺利、身体健康，有啥事别自己扛，记住你还有一个爱你的姐姐。

以后的以后，我不知道会发生什么样的事，不过，有一点我可以肯定，我们会永远地在一起。对了，二十年后的你们，是否还记得小雨？记得吧！二十年后的我，找了个什么工作呢？是不是成了一名兽医？妹妹呢？成了一名老师？还是一个舞者或画家？这封时光之信会告诉我，并带给你们。记住，我爱你们。

祝二十年后的父母：身体健康、心想事成、幸福快乐！

你们二十年前的女儿：湘婷

（指导老师：詹君丽）

致二十年后的父母

吴优

亲爱的爸爸妈妈：

你们好！

二十年后的你们，都已经五十八岁了。你们那曾经白皙无瑕的脸，也许这一刻爬满了密密麻麻的皱纹，头顶上冒出了几根银丝。岁月在你们脸上留下了许多痕迹，已经不再是那年轻的人了。

妈妈你一定还记得吧，那次你为我切芒果，不小心切伤了手指，那一定非常痛。可当我追问时，你却口是心非地对我说："没事！芒果已经切好了，在那儿，你去厨房拿吧。"可看着你满脸的汗我就知道，你估计痛得连话都说不好了，还让我去吃水果。我去吃芒果，咦？平日甜甜的大芒果怎么变成咸的了？

原来是我的眼泪呀。

还有爸爸，不知道你忘记了没有，有一次送我去上学的路上，为安全送我到达还淋湿了，第二天你就感冒了，大早上一直在咳，却假装说没事，一言不发地开车去上班了。忘不了老师表扬我时你一次次地教育我不能骄傲；忘不了考试考砸时你那一声声的鼓励，成为我动力的源泉；忘不了我做错事时你那一次次的批评；这都是爱的表现。你不像其他同学的家长那样死板，只在乎学习，你更注重我的品德发展与身体健康，别人考差时，家长都是大发雷霆，而你则是微笑着对我说："没事，不要紧，千万不要因为一场考试影响了心情，考不好可以再来，而考不好影响心情就是亏上加亏了，下次要加油。"然后对我做出加油的手势。你一直都非常幽默，不会因为一件事而一整天苦着个脸，好像没有什么事情能把坚强的你打倒。

爸爸妈妈，你们在我小时候就支持我做自己喜欢的事情。小的时候，学美术这个奇妙的想法就像种子一样在我心底萌生，慢慢开始发芽，造成了我今天热爱美术的心。是你们，告诉了我梦是什么，支持我，令我更加喜爱美术。不像我周围的一些朋友，明明他们并不喜欢这项特长，可爸爸妈妈却硬给他们报什么乐器班、补习班。你们给我自由的空间，是非常明智的家长。

不知道未来的我会是什么职业，可能是设计师、作家、老师、律师……不过我相信，未来不管做什么选择，你们都会支持我的，是你们告诉我要做自己喜欢的事。我知道，未来我们一家一定会更加爱对方，因为我们是亲人，是一家人。二十年后的你们多少都会老，不过没关系，不管你们多老，在我心里，你们依旧是年轻貌美的爸爸妈妈，我会一直守护你们！

祝：身体健康、万事如意！

你们的女儿：吴优

2019年3月23日

（指导老师：刘映伦）

亲爱的父母

胡堞镧

亲爱的父母：

你们好！

由于工作繁忙，我们已经半年没见面了。正好今天公司放假，我抽空写下了这一封信，向你们倾诉离别之情。

在离开你们的半年里，我终于体会到了生活的不易。每天早上闹钟一响，我就起床穿衣洗漱，有时连早饭都顾不上吃就顶着大风，骑着一辆破烂的自行车去上班。我是多么想念以前的生活呀：每天都被妈妈温柔地唤醒，起床时，桌子上已经摆好了热乎乎的饭菜。等慢吞吞地吃完早餐，爸爸又开着汽车送我上学。以前在班里被同学欺负，爸爸你都会挺身而出，“教育”他一顿；但现在受着老板的责骂、同事们的嘲笑，再也没人为我撑腰了。以前碰到不懂的难题，妈妈你总会耐心地教我；而现在，老板叫我画一个新型汽车设计图，当我绞尽脑汁都想不出来时，再也没人来帮助我了。

爸爸妈妈，离开你们我真的好苦呀！我猜你们以前也跟我一样，从小受着父母公主王子般的宠爱。离开了他们，那时的你们也一定与现在的我有同样的感受。不过当你们有了我，就义无反顾地爱我了。我饿了，你们会一口一口地喂粥给我吃；我困了，你们会抱着我入睡；我笑了，你们也会跟着乐；我哭了，你们着急地像热锅上的蚂蚁。我渐渐长大，上了小学、初中、高中、大学……开始逃出你们的束缚，但不管我怎样，你们还是爱着我。

爸爸妈妈，我今年一定要回家过年；一定要和你们一起包饺子，做面饼；一定要和你们一起逛街、买菜、做生意；我一定要好好报答你们，感谢你们。

从今以后，我会好好地陪伴着你们。爸爸妈妈，你们是我幼年时的“观影者”，我的童年，被你们像看电影似的观看完毕；现在，就让我来做你们后半生的“观影者”吧，我一定会一集不落地看完你们后半生的“电影”。

敬祝：身体健康、万事如意！

永远爱你们的女儿：胡堞镧

2019年3月23日

（指导老师：祁辉）

致二十年后的父母

徐楚淇

亲爱的爸妈：

你们好！

你们给了我一个温暖幸福的家，我感觉一回家，就会有一种温暖在心头。

家中的一切，都是那样美好。回到家，妈已经煮了饭，我会大声问："妈！今天吃什么啊？大乱炖还是虾仁？"而老爸您总会捣乱，说："吃海鲜！"家中的氛围总是暖暖的，我即使有再多的不愉快，一回到家，就抛到九霄云外了。我现在已经长大，爸、妈，你们不用担心我，我会照顾好自己的，我们家虽然穷，但我从来不因为这个感到丢脸，因为你们是脚踏实地，用自己的双手来创造财富，走出去，我照样跟人家说："我爸妈在我心中是榜样，他们没错！”所以，你们不用因为这个而常常担心我，我会努力的。有一个夏天，我得了肠胃炎，难受得直干呕，你们为了我操碎了心。爸，你为了让我不难受，说：“来，我给你唱个歌儿。”爸，说实在的，真的不好听，但当时，正是这不动听的歌声治愈了我。老妈呢，大喊：“你唱的什么东西啊？我来跳舞给你看。”说着，便大摇大摆地晃了起来，笑得我眼泪都出来了。老妈，你数落我爸时，真的太可爱了，我爸一唱歌，你就骂：“咦？唱的什么，吵死了！”而老爸你则大声反驳：“你才吵，这叫艺术，秦腔都这样，头发长见识短。”我说：“你们这俩人怎么老是拌嘴呢？不知道的啊，还以为你们干吗。”

二十年后，一切都变了，老妈应该不会再爱穿花裙子了，而老爸，也不会那么容易发脾气了吧。你们已经一头白发了，眼角的鱼尾纹不知什么时候多了许多，家里还是摆着我们一家的全家福，我出去工作，你们一定会常常打电话来，问：“啊呀，你那工作好不好啊，有没有困难，累了就回来。”你们在那头，我在这头，彼此的思念便由这细小的电话线连着。你们经常为了我的事发愁、担心，那愁，就是爱啊！我一定会努力工作，让你们享福，看看，爸爸妈妈，你们的女儿长大了！有出息了啊！我们好好的，证明优秀靠的不是钱，是努力，是奋斗，我成功了！

如今的我，与二十年后一定差不了多少，我一定会是你们所希望的高才生，你们说过，如今家里有困难，很缺钱，但无论如何你们都会想办法供我上大学。虽然没钱，但那又如何，你们让我吃得饱穿得暖，不比别人差到哪去，反而在你们的教育下，我的成绩优异，表现也很好。我现在就像是温室内的花朵，而你们则是园丁，辛苦培育我，使我学会了成长，绽放自己最美的花朵。

爸爸妈妈，你们教会了我做人，使我从一个什么也不懂的小孩，成长为一个即将步入中学的少年，我永远永远爱你们！胜过星星爱夜空、蜜蜂爱花朵……你们是我最大的骄傲！

祝：身体健康、万事如意！

你们的女儿：徐楚淇

2019年3月23日

（指导老师：梁玉梅）

给二十年后的爸爸妈妈一封信

王佳蕾

亲爱的爸爸妈妈：

你们好！

不知你们最近身体可好？平日有什么烦心事吗？

现在的我是十二岁，二十年后，我三十二岁了；而你们现在也差不多四十二岁了，那二十年后的你们，就是六十二岁了。

你们还记得吗？在我一年级的时候，你俩带我去游乐场玩。我们在一个游乐项目旁，看到了个哇哇大哭的小男孩。

那小男孩可伤心了，一直在那儿哇哇大哭，显然是和自己的爸爸妈妈走散了。当时在那宽敞的景区里，没有人愿意帮助他。还有人对小男孩投来厌恶的目光，仿佛在责备他太吵了似的。

你们没有与他擦肩而过，而是带着我，一起去安慰那个小男孩，还帮他找到了爸爸妈妈。

感谢你们，教会了我要帮助他人，并让我时刻怀着一颗仁爱之心，让我把帮助他人的种子传遍我走过的地方。

您还记得吗？小时候，你们常带我去一个小公园玩。小公园里有一群孩子，经常在那儿玩一个叫“跳大绳”的游戏。

你们让我去与他们玩，可是我不敢。我看着那长长的绳子高高地甩在空中，又快速地甩下来，像一只野兽一样，想把我吃掉。

我害怕地又走回你们身边，躲在你们身后。你们也看出了我的恐惧，便安慰我。可安慰了也没用，我还是怕着那只“野兽”。

于是，你们带着我一起去跳。有时候，爸爸还会绊住绳子，年幼的我便咯咯咯地笑了起来。从那时候起，我就不怕了。

感谢你们，教会了我要面对困难，要有面对困难的勇气，不能被困难这只“纸老虎”给打败。

还记得吗？有一次晚上，我从幼儿园回来，手里拿着一个你们以前都没见过的玩具。

你们问我这是从哪里来的，我支支吾吾地对你们说，这是我拿幼儿园同学的。你们又问我那个同学知道吗？我起先不愿回答，后来终于说了同学并不知道。

你们严厉地批评了我，还让我去给同学道歉。你们还跟我说了“小时偷针，大时偷金”的故事。我现在真感谢你们，如果你们当时不教育我，现在的我，也许就是那个偷金的孩子。

我还懂得了，不能乱拿别人的东西，要经过他人的同意。自己想要的东西要自己争取，不能做那些偷鸡摸狗的事情。

感谢你们，在我年少的时候教了我这么多，在我的心中放入了一颗颗爱的种子，让它们生根、发芽。

你们每天都在对我说，有一分耕耘，就有一分收获，也许以后的我，会感谢现在努力的自己。你们也会对我说，学习是一个长线工作，也许你在此时没有那么完美，但时间会证明一切。

我知道你们也是十分想让我有个好的前程，但又不想让我学习得太累。我知道你们也十分想让我考上好的初中，但又怕我没考上会失望。

其实，你们不必在意那么多的。学习、人生都是我自己的路，我的人生终究不能一辈子都有你们。你们怕我走错了路，但又怕过于干涉我的一切，就像手捧着怕摔、口含着怕化一样。

最后，千言万语也无法表达我对你们的感激。我感激你们对我的教育以及养育之恩。也许十二岁的我无法报答你们太多的东西，但等二十年后，我工作了，我第一个月的工资一定拿来给爸爸买一件西装、给妈妈买一套护肤品……

敬祝：身体健康。

你们的女儿：王佳蕾

2019年2月23日

（指导老师：刘玉华）

致二十年后的父母

王紫韩

亲爱的父母：

你们好！

这封信是给我们二十年后看的，我不知道未来我们关系会怎样？但我希望未来的我不会因为青春期的躁动而给你们带来困扰。我希望我们未来的生活可以从繁华的城镇里搬出来，住到早已规划好的乡村小镇上去，到时候我们一家人住在与世无争的世外桃源，靠自己的耕种来维持我们的幸福生活。

我从小到大都只有一个疑问，为什么你们对别人家的孩子如此之好，好到让我羡慕呢？你们说，要对别人家的孩子好一点，也是因为我比他们都大，所以就要让着他们吧！这一点，我并不觉得很难过。知道你们给邻居的小孩买了什么，我不羡慕，我羡慕的是你们对他们的那一份耐心，这让我羡慕到了极点。当我考试考了全班第一，你们也没有多说一句。虽然，我知道你们是爱我的，从你们满足我的吃喝玩乐就能看出来。但我也希望在二十年后，这种情况可以减少。

从小我就认为乡村那种纯朴的环境就非常好，二十年后的今天，我应该是坐在稻田里，看着我们不远处的小花园。那个地方可能是我们心灵之间的桥梁，因为我们可以在那里说说别人的八卦，说说今天遇到什么奇怪或有趣的事。但在此之前，我想先考上我做梦都想去的大学，结交几个真正的知心好友，再去环游世界，吃遍天下美食，看遍别人没看过的景色，去别人没胆去的地方探险一次。

思来想去，还是觉得陪伴在你们的身边才是最好的。因为看着你们一天天老去，竟让我觉得这时间过得如此之快。快到不能让我带你们去做从来都不敢做也不敢想的事，快到让我后悔与你们斗气，但我想用这短暂的时间来补偿！

祝你们：身体健康、万事如意！

你们的女儿：紫韩

2019年3月23日

（指导老师：谭巧云）

致二十年后的父母

卢胤宜

亲爱的父母：

你们好，光阴似箭，日月如梭，在不经意间，二十年过去了。

我在你们的呵护下成长着，看到你们渐渐弯下的背，看见你们脸上那一条条犹如蚯蚓的皱纹，看见你们头上的一丝丝白发，我的心就像被一根细小而锋利的针刺了一般难受。

可是你们明明还很年轻啊……

那一天，我在一个穿过十里长廊的哭声中呱呱坠地了。从那时起，我便是你们捧在手心里的宝贝。你们对我微笑，那一个个充满了温暖的微笑洋溢在我心中，久久不能消散。

我们走在田野间，哼着小调，大手牵小手。阳光洒满了天，晚霞和着春风，仿佛在对我们招手。我走得累了，父亲背着我，流露出一丝欣慰的笑容。我趴在您的肩上，闭上眼睛，好像进入了梦乡，嘴巴微微挑起，仿佛掉进了蜜糖里，甜滋滋的。

我还记得，没有一个夜晚是我自己一人在床上睡着的。每个夜晚，我都害怕，是母亲您，轻抚我的额头，唱着动听的童谣，让我在您动听的歌声中睡着了。

后来，我们常去旅游！我们去西安，感受古都风貌；去湖南，感受那儿的风土人情；去故宫，感受深宫的人情冷暖。

我弹着钢琴，你们伴着琴声，在厅里跳起和谐的双人舞，仿佛两只蝴蝶在花丛中盘旋，我看看你们，你们看看我，在这温暖的氛围中增添了几分美妙。

可是，你们还是渐渐老去了……

但我能做些什么呢？我只想陪在你们身边，我只想每分每秒都在你们身边呀！我想陪你们看花开花落，我想陪你们看满天星辰，我想陪你们看夕阳西下……

父亲母亲，让我一直陪在你们身边，可好？

祝：身体健康、平安顺遂！

你们的女儿：卢胤宜

2019年3月23日

（指导老师：梁群枫）

致父母的一封信

欧阳莞昕

亲爱的父母：

你们好！

时间流逝得飞快，像冲刺的火箭，一转眼便过去了。我逐渐长大，从刚出生的小婴儿长成了一个六年级的小学生。

都说父母是孩子永远的港湾，不论孩子在外漂泊多久、多远，都永远地为孩子敞开；父母永远是孩子的保护伞，为孩子遮风挡雨，不论是狂风还是暴雨，让孩子在温暖的保护伞下茁壮成长；父母永远是孩子的加油站，当孩子遇到困难时给孩子鼓励，遇上挫折时给予孩子帮助……

在我成长的旅途中，是你们给予了我信心，给予了我帮助。在我生病感冒的时候，是你们送我去医院，照顾我；在我学习上遇到瓶颈的时候，是你们替我想办法，鼓励我；在我想要放弃松手时，是你们拉紧了我的手，给了我勇气。就这样，陪伴我度过了每一个春夏秋冬，陪伴我走过了每一段生命的旅程。每次当我们回到爷爷奶奶、外婆外公家，你们就好像坐上了时光机，变成了他们眼中永远长不大的孩子。你们在家中，从来不会十点钟起床，因为要做饭、洗衣……可在爷爷奶奶家，你们在做饭时，奶奶就会跑过来，一把夺过手中的锅铲，说："哎呀，你们真是的，这些事我来嘛，你们够累的……"在奶奶家你们是那样轻松、悠闲。

可能到2039年，你们不再那么年轻、漂亮了。脸上会长出一条条皱纹，头上长满了银丝，手脚不再灵活，行动不再利索。但唯一不变的是我爱你们的心。可能你们不能再像从前那样保护、呵护我了，不能再做我的保护伞了。但是，你们却依旧是我永远的港湾、我的加油站，当我累的时候，有地方去休息；当我遇到困难的时候，有你们鼓励我……我也会渐渐长大，长成参天大树，做你们的保护伞，为你们撑起一片温暖的地方。我会像你们对我一样，保护你们、呵护你们。为你们遮风挡雨，不管是狂风还是暴雨，都不会摧毁这把"爱的保护伞"。让这把保护伞一直陪伴着你们！

爸爸妈妈，你们的女儿已经长大了，已经是个十二岁的小姑娘了。她正在努力地学习一切她需要学的知识，学习劳动，她希望她也能像爸爸妈妈那样，去保护她的父母、她的家人、她爱的人和爱着她的人。

祝：身体健康!

爱你们的女儿：欧阳莞昕

2019年3月23日

（指导老师：黄笑英）

亲爱的外婆

王冰

亲爱的外婆：

展信安，见字如晤。

日子如念珠般在指尖滑过，细细数来，您已离开广州一年半了。我时常想念着您做的美味可口的饭菜，以及记挂着您的谆谆教诲。愿您在家乡一切安好。

过去的这一年，极为特殊。这一年，我成为一个初三学生了。可当我回过神时，周围满是中考未到而已弥漫的硝烟。在一片兵荒马乱之中，我被周围的一切推动着前行。我将自己置身于备考的洪流中，跟随着大家，一同奔向来年的六月。

跟以前一样，我的数学还是那么糟糕。每个周末，我都奔波于补习班之间，端坐在黑板之前，看着一道一道复杂难懂的数学题，常常落得一身疲惫。不知道多少个深夜，我写完日常的作业过后，还要继续练习我薄弱的数学题。可是，在数学题面前，我像一只小蝼蚁，它是遮挡了我所有希望的山丘，我无法忽视它，也无法越过它。我内心溃不成军，找不到法子去解题了，便只好长叹一声，将目光暂时望向窗外的浓浓夜色，想念着您温暖的怀抱。

我的思绪飘往千里之外的家乡，那些童年时无忧无虑的快乐时光便一幕一幕在我眼前不断重现。我想起：春日里，田里是您忙碌的身影，田头上是小小的我和稚嫩的读诗声；夏天，弥漫在您和我之间的是那捶衣声、戏水声、笑声……秋阳下，我们抱着满怀的果子，走在回家的小路上……在您的陪伴下，我可以自由自在，快活得就像山里的小霸王。

我想，您若是看到我愁眉不展的模样，定会说我还像从前一样，退堂鼓打得极好，但凡遇到不如意的事就想着放弃。但，我想告诉您，您曾经说过的话我都记得。您说，一个人总不能流血就喊疼、怕黑就开灯，不能被暂时的困难蒙蔽双眼，终究是要长大，再漆黑的路也要自己走完。

我也曾扪心自问，如果明天不好，我还要不要坚持？如果努力没有结果，我还要不要努力？如果路上荆棘密布，我还有没有勇气前行？在您的教导中，我得到了答案。我收起悲伤，重新埋首于书桌前。

我不知道我的努力有没有结果，但您曾经告诉我，无须害怕看不到尽头的未来。每一天的努力，每一天的坚持，都只是在做心中应然之事。每一个日子都如此不起眼，但正是拼搏的汗水，成就了岁月长河中一段熠熠生辉的时光。

祝：身体健康！

永远爱您的孙女：王冰

2019年1月18日

（指导老师：胡婷欣）

愿你们一切安好

陈琪仪

亲爱的爸爸妈妈：

你们好！

当笔尖触及柔和细腻的纸张，当目光定格在那温馨的八个大字——“写封信给你爱的人”，我的内心翻腾出朵朵温情、甜蜜又充满憧憬的浪花——是的，我有许许多多话想对你们说，对二十年后的你们说。

爸爸，当你读到这段文字时，你亲爱的女儿，已经三十岁有余，而你，也已经年过六旬。这时的我，或许已经事业有成，或许收获了美满的家庭，但可以确定的一点是，我过上了你所希望的生活——快乐、简单。而此时的你，是否被流年的刻刀雕刻得愈加沧桑，我无从得知，也不敢想象。

你说，你有一个小心愿，便是等我长大了，让我带着你，去海南，去感受从海平线上喷薄而出的旭日，漫步在软绵细腻的沙滩上，拾起一个海螺，静静地聆听海的声音。而我总是惦记着，惦记着。

二十年后的今天，你一定已经领略了海的风光，为你当年毕业时的心愿画上一个完满的句号了吧。

妈妈，如果说，二十年后的我，最想为爸爸做的，是完成他的愿望，那么，我最想对你说的，便是“感谢”二字。

是你，让我拾回了属于我的自信。

升上初中那段时间，因为环境和身边同学的巨大变化，我有些不知所措，对于新的生活，我感到迷茫和无助。风里雨里，我失去了曾经最重要的一位朋友——自信。是你，每天晚自修下课后，准时打电话给我，准时询问我一天的生活，给我鼓励、安慰。那段时间，在你的开导下，我渐渐找回了信心，渐渐变得开朗，找回了那个原来的我。

岁月无声，亲情有痕，且让这封装载着我爱与感恩的信，装进流年的漂流瓶，漂到二十年后的你们手中，传达我内心最深的情感。

唯愿你们一切安好。

女儿于考场

2019年3月23日

（指导老师：郑镇涛）

致二十年后的父母

吕妍

亲爱的父亲母亲：

你们好！

这封信，是写给二十年后的你们的。

二十年后的世界，会是什么样子呢？二十年后的你们，恐怕也已经变成白发苍苍的老人了吧。时间，过得好快啊，一转眼，我便长大了，已经不再是那个遇到困难时只会哭的小孩子了。从我呱呱坠地起到现在，已经有十多个年头了，就要面临小升初了，以后和你们在一起的时间也将越来越少。所以，这封信，我提前写下，留给二十年后的你们。

父亲母亲，是你们把我带到这个世上来，又辛辛苦苦地将我拉扯大，你们不容易，所以，我想，二十年后，换我来照顾你们，陪你们安享晚年，幸福地度过余生。

母亲，在我的记忆中，每次过马路时，你都会轻轻牵起我的手，带我穿过马路。你的那双大手，温暖而有力，每当你牵着我的手时，我的心里总会涌起说不出的滋味，甜甜的、暖暖的，总让我感觉特别舒服，温暖而幸福，让我觉得很安心。十多年了，你还一直牵着，牵着不放，是怕我一不小心就丢了吗？可人总是要长大的啊，到那时，你可还能牵住我不放？你的手啊，因为干的活儿太多，由细腻变得粗糙起来，别忙了，二十年后，一切都交给我吧，把手也交给我，我一定好好牵住它！小时候，你牵着我长大，二十年后，我一定牵着你慢慢变老。

父亲，别再给我夹这么多菜了，你也自己吃一些啊，你看我这都快成菜碗了，你的碗里，怎么从头到尾就一碗白饭呢？你总是说，你要减肥，吃不得这么多。这算什么理由啊，在我眼里，不管你多胖，你都是全世界最帅的男人；在我心里，不管你多胖，你都是我最好的爸爸，我最信任的人。二十年以后，等我长大了，有能力了，一定让你待在我身边，哪也不许去，我做菜给你吃，想吃多少就吃多少，不用害怕长胖，有我在，没人敢说你胖，我就是要让你变成一个大胖子。还有啊，从现在起，你也要多吃，别总给我夹菜，惯着我，再这么下去，我也要变成大胖子了，你可别想坑女儿！

父亲母亲，这十多年来，你们宠着我惯着我，如果我有什么做得不对、不好的地方，还请见谅，多多包涵啊。这么多年，你们从没打过我，二十年以后，我也一定好好对待你们，就像你们现在对我一样。

二十年，足以让毛毛虫破茧成蝶，飞过大海，到达彼岸；二十年，足以让沧海变桑田。二十年很长，长路漫漫，所以，在这二十年间，不论发生什么，都请让我们一起齐心协力，渡过难关，让我们一起把这条路走完，不到尽头决不放弃。

二十年，世界变化再大，我们也永远是一家人，相互依靠，彼此温暖。世间最美，不过是亲情，你们终将是我成长记忆中最温暖、最温柔的回忆，即使二十年后，我不再年少，你们已经变老……

愿二十年后我们还在一起，彼此安好。

最爱你们的女儿：吕妍

2019年3月23日

（指导老师：叶映莲）

致二十年后的父母

严婉瑜

尊敬的父亲母亲：

你们好！二十年后，我已不能再叫你们“爸爸”“妈咪”了，我至少要成熟一点地问候你们。我是这么认为的。你们觉得这个称呼如何呢？这封信是写给你们的。

你们为什么改变这么大？父亲的两鬓花白，眼窝深凹。母亲满头银丝，脸上满是岁月的痕迹。现在的我，在2019年的3月23日，给你们写信。怎么？看着这个日期好像很眼熟？对了，今天是我的生日啊！

不难想象二十年后的我们过得怎么样了。谁不希望家庭幸福呢？二十年后的我，那时是什么职业呢？还是在进修硕士、博士？我曾经有过许多理想：当艺术家、音乐教师、护士、警察、作家……我是那种跳跃性思维的人，虽然有理想，但很快会改变。现在的我，还在为理想犹豫不决。我想知道，二十年后的我选择了什么行业呢？我从小的目标就是出国留学，为此我也做了许多准备。二十年后，我实现这个目标了吗？

还有，我那亲爱的弟弟怎样了呢？现在的他，不过是一个一岁零九个月的小孩子，牙牙学语，经常模仿我们。二十年后，他应该拥有很优秀的语言表达能力了。是的，我能够想象出，二十年后的弟弟，在自己学校的升旗台上，大方而自信地向全校师生发言，我那可爱的好弟弟……

你们都是年近六旬的老人了，操劳了一生，照顾了我一生。现在，也该好好休息一下了。母亲退休好几年了吧？哈哈，退休金多少？您以前可是老向我“吐槽”工资少的呀！作为一名老师，您肯定“桃李满天下”了吧？英语……您是教英语的，有没有学生考上哈佛、斯坦福？如果还没有，等二十年，那个人应该就是我吧。我说话的口气好大啊！还记得我以前跟你们讲的“真香定律”吗？意思是有些人的行为和自己之前说过的话不相符，正如那个《变形记》里说自己“死也不吃农村的饭菜”的城市主人公，到最后不仅吃了，还赞叹“真香啊”，这不就是行为和语言不相符吗？所以说啊，我得加把油了，不然到时考不上哈佛，就要被套上“真香定律”了。父亲呢？您现在的顺德特色餐厅“醉佳拍档”可是红红火火，许多外地的人慕名而来呢。现在还在均安开了一家分店，那以后呢？如果长期发展的话，您开全国连锁店的目标实现了吗？现在的我只有1.56米，你们说只求我长到1.6米，最好1.65米就行了，不要太贪心。那二十年以后，我到底有多高？肯定超过1.65米了吧。好像这回贪心的反而变成我了！哈哈。

你们为我的付出，对我的关怀，我一生都不会忘。前几天才读了篇文章，里面说："两代人生命的相接点，时间只是窄窄的台阶。"是的，留给我陪伴你们的时间不多了。我发誓，我一定好好孝顺你们，像你们小时候用温暖的大手牵着我的小手一样。长大后，我将用脱离稚气的手牵起你们那布满皱纹的手。小时候，你们牵我过马路时，总让我走在里面，而你们走在外边。长大后，我将走在外边，而你们将走在里面……我已经成人了，可能还结婚生子了。但你们放心，我会用心地保护你们的。

敬祝：身体健康！

你们的女儿：严婉瑜

2019年3月23日

（指导老师：曾金花）

致二十年后的父亲

陈柔宇

亲爱的爸爸：

您好吗？

当您读到这封信时，已是2039年了吧。您印象中那个总爱哭闹，像个小大人似的女儿已经长大了，那时，我都应该三十岁有余了。

如今（2019年）的天气如天上的浮云般飘忽不定，时而如夏，时而转冬。2039年时的天气怎么样呢？哈哈，依我猜，那时天气必定很稳定，应该会像我们那时的生活吧！

我们最近的一次见面是在2013年了吧？我记得您刚过完生日呢！您在我的印象中是个个子不高却十分威武的小老板，少白头，皮肤偏黑，力气很大。2039年的您应该有六十岁了吧？

我对您的爱一直藏在心中，您对我的爱也刻在心上。那时的您，估计有一头白发，皱纹如乱麻，皮肤也下垂了吧。我想，妈妈在护肤这一方面肯定会胜过你，毕竟爱美是女人的天性呀！

在我的记忆中，您的性格一直都很特别。您不愿像其他人一样随波逐流，总坚持本心；您不愿像其他人一样“醉”在世间，立志要有所作为；您也不愿让世间变得冷漠，遇到不公正之事总会挺身而出。相信您一直是这个宁折不屈的性子，虽然很难立于社会，但您立在我心中！

女儿现在读六年级，很喜欢写作！我现在在网络上投稿，慢慢地创作着自己的小说。虽然现在阅读量不多，但我相信您的女儿一定可以用笔描绘出自己的精彩人生，我也要让世界知道，我曾经来过！希望在2039年，您能听到孩子们口中赞扬的，是您女儿的名字！我要让人们可以从书中获得力量及前进的动力。我多想您那时站在我身旁，拍着胸脯，骄傲地说：“这是我的女儿！”

爸爸，我好想您啊！每当我在纸上写下“爸爸”这两个字时，心中都仿佛有一块大石头，越压越紧。每当他人问起我，或考试时造句、举例子，我永远都是最尴尬的一个。我多想您和妈妈能带我去图书馆、游乐场，像其他小朋友的爸爸妈妈一样，在书桌旁为我辅导作业，能一起探讨题目。而不是只能与同学一起。我永远期盼着那一天，您回来看看童童的那一天。

您又可以像从前一样带着我趴在阳台上，晒着暖暖的阳光，您用那柔和且富有磁性的声音，轻轻地念着古诗，给我一遍又一遍地讲解；您又可以用您那标准的英语和我的“中式英语”对话，然后一起捧腹大笑；您又可以向我介绍您最喜欢，也是我最崇拜的周公瑾，一起谈古论今……我相信，在2039年的某一天，您会回来看看童童和妈妈的，那时候我们住在新家里，温暖也温馨。

爸爸，快点回来吧！若您早些回来，当您看完信后，我或许就在您身边读着古诗，然后您又可以当面指出我的不足。当然，这根本是梦啊，可我真的很爱您和妈妈。

愿您在天上，衣食无忧，祝福我们……

您最爱的女儿：陈柔宇

2019年3月23日

（指导老师：吴培强）

亲爱的爸爸妈妈

凌子琪

亲爱的爸爸妈妈：

你们好！

很庆幸，我能以这样的方式跟你们说说心里话。

妈妈，好久不见。不知您在天国过得是否安好？您离开的那一天，天色也是这样阴沉沉的。时间改变了很多，也模糊了您的样貌。可是，您悉心照顾我的点点滴滴，我永远也不会忘记。

有一句话，我没有来得及亲口跟您说。妈妈，对不起。记得六岁那年，我咳嗽得很厉害。您给我熬了一碗罗汉果猪肺汤。我喝了一小口，只觉得味道苦中带甘，有点奇怪。您哄我说，喝完可以吃一颗糖。但不管您怎么反复劝说，我都不肯喝，还趁您不注意时，把汤倒了，最后，把您惹生气了。那碗没有喝下去的汤，是我一辈子的遗憾。后来，我再也喝不到您亲手熬的汤了。您能原谅我吗？原谅那时的我不懂事，没有能体谅到您的苦心。您如果还在，我多么希望也有机会给您熬一碗。

爸爸，您辛苦了！您既要照顾我们姐弟的生活起居，又要担负起赚钱养家的重担。

前些天，我到了生理期，家里只有我和您。我躺在床上，疼得什么话也说不出来，全身发抖。我不好意思告诉您，想着熬一熬就过去了。您进来看了我一眼，我支支吾吾说没事儿。您盯了我几秒，就出去了。听着您出门的动静，我顿时松了口气。没想到，过了一会儿，您就回来了，还给我端来一碗红糖水。我有点不知所措了，您过来轻轻扶起我，叮嘱我小口趁热喝。看着您转身的背影，我的眼泪再也忍不住流了下来。这些年来，您既当妈又当爸，实在太辛苦了。真希望我们姐弟能快快长大！

爸爸，我还想与您分享我心中二十年后的我们。

习爷爷曾说，人应该要有志向，但志向应该同祖国和人民联系在一起。我认为，志向是目标。而二十年后，我的目标实现了！那就是当一名老师。因为，当老师可以把自己所学的知识传递给别人，可以帮助别人。您不是常对我说：“帮助他人，快乐自己。”吗？

习爷爷曾说，世界上最难做的事情就是怎样做一个人，怎样做一个好人。对于我而言，二十年后，我会做这样的人。我会做一个懂得感恩的人，记住每个曾帮助过我的人，并把感受到的爱的力量传递给更多的人。我会做一个谦虚的人，受到表扬，不骄傲，坚持做好。受到批评，不气馁，找到错误的原因，及时改正。我会做一个懂得知足的人，要为自己得到的而喝彩，不要贪婪，不要为自己没有得到的记恨在心。您总是对我说：“得之我幸，失之我命。”

习爷爷还说过，大家应该热爱生活，与人为善，明礼诚信。二十年后，我会做这样的人。我会热爱生活，热爱祖国。您常常对我说：“祖国是我们的家，我们家人之间应该互相包容，互相爱护，互相帮助。我们也应该对每一位家人诚实守信。这样，我们才能有一个更加美丽的明天！”我会热爱生活，热爱家人。我会去孤儿院，帮助他们；我会去养老院，陪伴他们，我会去好好工作，为祖国做贡献。

不过，我最想做的，是陪着您。不是常说：“百善孝为先。”我会多陪陪您。因为我知道，其实您最需要的是儿女的陪伴。我作为您的女儿，我不孝敬您，谁来孝敬您？

爸爸妈妈，我一定会更加努力学习，提高自己的修养，成为更好的自己，不辜负你们赐予的生命。我们也会用心记住每一个曾帮助过我的人。等来日，我一定会把这份“恩情”传递给更多的人，成为令你们欣慰的女儿！

祝：身体健康！

你们亲爱的女儿：凌子琪

2019年3月23日

（指导老师：邓鸿璟）

致二十年后的爸爸妈妈

王展畅

亲爱的爸爸妈妈：

你们好！

不知是不是因为思念，我总想提笔写一封信给你们。现在已经流行智能手机了，写信早是稀有的事了。当你们戴上镶着细银丝的老花镜的时候，不知是什么模样。二十年，弹指一挥间，没关系，咱们慢慢看，不着急。

你们还记得二十年前的这些琐碎的事吗？

四五岁的时候，我特别顽皮胡闹。常常因为某件鸡毛蒜皮的小事而跟你们“一争到底”。好像真的就是一只上蹿下跳的猴子，让你们一刻也不得安宁。那几年对于你们来说一定非常痛苦吧？一边脱去上班的正装，一边换上家居服；一边飞快浏览着老板的信息和文件，一边给无知的我换上崭新的尿布；耳边夹着公司来的电话，手头摆弄着新鲜出炉的晚餐……也许这段忙忙碌碌的日子给你们带来了诸多不便，但在我的记忆里，永远只有你们笑吟吟的面容，我的童年里洋溢着你们带来的阳光。

十一岁那年，我走进了这个叫作“青春”的课堂。我变得像林黛玉那样多愁善感，像曹操那样多疑猜忌，像金庸武侠小说中的仙侠一样放荡不羁。这个课堂很令人心神向往，却又让你们拿我没办法。我开始对自己的事情闭口不提，有什么事就埋在心底，所有的日记本、笔记本我都悄悄藏着，也许你们现在也不知道我以前那些视如珍宝的本子和小玩意儿藏在哪儿吧？悄悄告诉你们，它们可是和我一样让人不省心的呢！这会儿正躲在哪个小角落偷着乐呢。

“长将有日思无日，莫待无时思有时。”尽管现在的我，还是那个二十年前的我，还是那个在浩荡青春海洋中摆渡的我，但是，我依然憧憬二十年后的你们和我。岁月故无情，但是我们一家子在一起的朝朝暮暮、点点滴滴却能使岁月变得有温度。

二十年后，老家的那幢房子还在吗？彼时的你们还在老家吗？应该都住进大房子了吧？我们的祖国日益攀登富强的高峰，那时候的你们一定很幸福。

二十年后的你们，还好吗？

祝你们身体健康、万事如意！

爱你们的大女儿

2019年3月23日

（指导老师：夏永红）